新潮文庫

星の王子さま

サン=テグジュペリ
河野万里子訳

新潮社版

7929

Le Petit Prince

ANTOINE DE SAINT-EXUPÉRY

星を出ていくのに、
王子さまは渡り鳥の旅を
利用したのだと思う。

レオン・ヴェルトに

この本を、こうしてひとりのおとなにささげたことを、子どものみなさんは許《ゆる》してほしい。なにしろ大事なわけがある。この人は、この世でいちばんの僕《ぼく》の親友なのだ。もうひとつ。おとなだけれど、なんでもわかる人なのだ。子どものために書かれた本でさえ。そして三つめ。この人は今フランスに住んでいて、おなかをすかせ、寒い思いをしているので、なんとかなぐさめてあげたいのだ。それでもみなさんが納得《なっとく》してくれないなら、この本は、昔子《むかし》どもだったころのその人に、ささげるということにしたい。おとなだって、はじめはみんな子どもだったのだから。(でもそれを忘れずにいる人は、ほとんどいない。) そうして献辞《けんじ》は、こう変えることにしよう。

小さな男の子だったころの
レオン・ヴェルトに

1

僕《ぼく》が六歳《さい》だったときのことだ。『ほんとうにあった話』という原生林のことを書いた本で、すごい絵を見た。猛獣《もうじゅう》を飲みこもうとしている、大蛇《だいじゃ》ボアの絵だった。再現《さいげん》してみるなら、こんなふうだ。

本には説明もあった。〈ボアはえものをかまずに、まるごと飲みこみます。すると自分も、もう動けなくなり、六か月のあいだ眠《ねむ》って、えものを消化していきます〉

僕は、ジャングルでの冒険《ぼうけん》についていろんなことを考え、自分でも、色えんぴつではじめて絵を描《か》きあげた。僕の絵第一号だ。こんなふうだった。

この傑作《けっさく》を、僕はおとなたちに見せて、「この絵こわい？」と聞いてみた。

すると答えはこうだった。「どうして帽子《ぼうし》がこわいの？」

帽子なんかじゃない。それはゾウを消化している大蛇ボアだったのだ。それで僕は、おとなたちにもわかるように、ボアのなかが見える絵を描いてみた。おとなたちには、いつだって説明がいる。おかげで僕の絵第二号は、こんなふうになった。

ところがおとなたちは、「なかが見えようが見えまいが、ボアの絵はもう置《お》いときなさい」と言った。「それよりもっと地理や歴史《れきし》や、算数や文法をやりなさい」。というわけで、僕は六歳にして、画家というすばらしい職業《しょくぎょう》をめざすのをあ

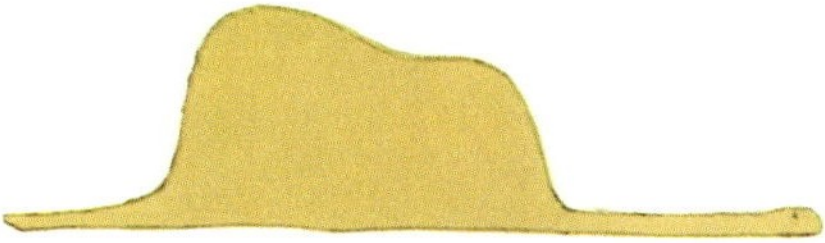

きらめた。僕の絵第一号も第二号も認《みと》められなくて、がっかりしたのだ。おとなというものは、自分たちだけではけっしてなにもわからないから、子どもはいつもいつも説明しなくてはならず、まったくいやになる……

こうして、ほかの職業を選ばなくてはならなくなった僕は、やがて飛行機の操縦《そうじゅう》を習った。そして、ほとんど世界じゅうを飛びまわるようになった。たしかに地理は、とても役に立った。ひと目で僕は、アリゾナと中国を見わけることができたのだから。夜、迷《まよ》ったときなど、そういう知識《ちしき》があるとほんとうに助かる。

そんなふうに生きてきたなかで、僕はいわゆる有能《ゆうのう》な人たちと、ずいぶんつきあってきた。おとなたちと一緒《いっしょ》にたくさん暮《くら》したし、間近《まぢか》に見てもきた。でも僕の考えは、あまり変わりはしなかった。

僕はいつでも僕の絵第一号を持ち歩いて、これはなかなか冴《さ》えてるなと思う人に出会うと、実験してみたのだ。その人がほんとうにものごとのわかる人かどうか、知りたかったから。でも返ってくる答えは、いつも同じだった。「帽子でしょ」。そのあとは、僕はもう大蛇ボアの話も、原生林の話も、星の話もしなかった。その人がわかりそうなことに合わせて、トランプのブリッジやゴルフや、政治やネクタイの話をした。するとそのおとなは、自分と同じように趣味《しゅみ》のいい人間と知り合えたと感じて、ごきげんになるわけだ……

2

こうして僕は、今から六年前、サハラ砂《さ》漠《ばく》に飛行機が不《ふ》時着《じちゃく》するまで、心から話ができる人もないまま、ひとりで生きてきた。飛行機は、エンジンのどこかが壊《こわ》れたのだ。整備士も乗客も乗せていなかったので、むずかしい修《しゅう》理《り》をひとりでやりとげるしかないと、僕は覚悟《かくご》を決めた。生きるか死ぬかの問題だった。飲み水が、一週間分あるかどうかだった。

　最初の晩、人の住む地から千マイルもかなたの砂の上で、僕は眠りについた。船が沈《しず》んで、大海原《おおうなばら》のただなかをいかだで漂流《ひょうりゅう》している人より、もっと孤独《こどく》だった。だから、夜明《よあ》けに、小さな変わった声で起こされたときには、どんなに驚《おどろ》いたことだろう。聞こえてきたのは、こんな声……

「おねがい……ヒツジの絵を描いて！」

「え?!」

「ヒツジの絵を描いて……」

　僕は雷《かみなり》にでも打たれたように、跳《と》びあがった。そうしてごしごし目をこすった。しっかり見てみた。するとそこには、とても不思議《ふしぎ》な雰囲気《ふんいき》の小さな男の子がいて、いっしょうけんめいこちらを見つめているではないか。これが、のちに僕が描いたなかで、いちばんよくできたその子の肖像画《しょうぞうが》だ。とはいえ僕の絵は、もちろん、輝《かがや》くばかりに愛らしかった目の前の姿《すがた》を、とても伝えきれてはいない。でも僕のせいではない。なにしろ六歳で、おとなたちから画家をめざすのをあきらめさせられたし、なかが見えないボアと見えるボア以外、絵の練習はなにもしなかったのだから。

とにかく僕は、その子が突然現《とつぜんあらわ》れたことに、すっかり目をまるくしていた。なにしろ、人の住む地から千マイルものかなたなのだ。それなのにその男の子は、道に迷ったのではなさそうだし、疲《つか》れてくたくたでもなければ、死にそうなほどおなかがすいていたり、のどが渇《かわ》いていたり、こわがったりしているわけでもない。どう見ても、人の住む地から千マイルもかなたの砂漠のまんなかで、迷子《まいご》になったという様子《ようす》ではないのだ。ようやく口がきけるようになると、僕はその子にたずねた。

「いったい……きみはここでなにをしてるの？」

でもその子は、なにか重大なことのように、静かな声でそっとくり返すだけだった。

「おねがい……ヒツジの絵を描いて……」

不思議なことでも、あまりに心を打たれると、人はさからわなくなるもの

これが、のちに僕が描いたなかで、
いちばんよくできたその子の肖像画だ。

だ。人の住む地から千マイルものかなたで、死の危険にさらされているときに、ばかげていると僕は思いながらも、ポケットから一枚の紙と万年筆をとりだした。だがそこで、自分がしっかり勉強してきたのは、地理と歴史と算数と文法だったことを思い出し、その男の子に（少しむっとしながら）絵は描けない、と告《っ》げた。男の子はこう答えた。

「そんなの平気。ヒツジの絵を描いて」

ヒツジの絵など描いたことがなかったので、僕は自分に描けるたったふたつの絵のうちの、ひとつをその子に描いてみせた。例の、なかが見えない大蛇ボアだ。すると男の子はこう言って、僕をひどくびっくりさせた。

「ちがうちがう！　ボアに飲まれたゾウなんていらないよ。ボアはすごく危険だし、ゾウはちょっと大きすぎる。ぼくのところは、とっても小さいんだ。ほしいのはヒツジなの。ヒツジの絵を描いて」

そこで僕は、描いた。

男の子は注意深くながめて、言った。

「ううん！　このヒツジ、もう病気で弱《よわ》ってる。ちがうのを描いて」

僕は描く。

男の子は、こちらを気づかうように、にっこりすると、やさしく言った。

「ねえ……これはふつうのヒツジじゃなくて、牡《お》ヒツジだよ。角《つの》があるでしょ……」

僕はまた描きなおした。

けれどそれも、前のふたつと同じように、だめだと言われた。

「年とりすぎてるよ。ぼく、長生きするヒツジがほしいんだ」

僕はとうとうがまんできなくなった。早くエンジンを分解してみなくちゃならないというのに。そこで次のような絵を大急ぎで描くと、言いわたした。

「ほら、木箱だ。きみがほしがってるヒツジは、このなかにいるよ」

するとどうだろう、小さな気むずかし屋さんの顔が、ぱっと明るくなったのだ。

「これだよ、ぼくがほしかったのは！　このヒツジ、草をいっぱい食べるかな？」

「どうして？」

「ぼくのところ、とっても小さいから……」

「だいじょうぶだよ、きっと。きみにあげたのは、とっても小さいヒツジだもの」

男の子は、絵をのぞきこんだ。

「そんなに小さくないよ……あれ！　寝《ね》ちゃった……」

こうして僕は、この小さな王子さまと、知り合ったのだった。

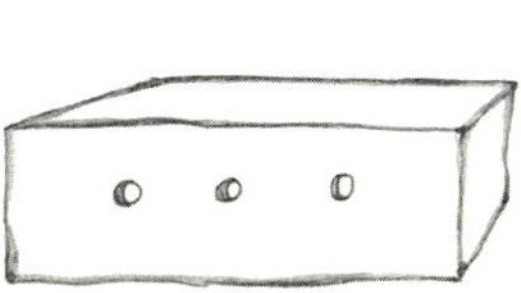

3

王子さまがどこから来たのかわかるまで、僕には時間がかかった。王子さまはたくさん質問をするのに、こちらがたずねることには、まるでおかまいなしのようだったからだ。少しずつ、なにもかもが明らかになっていったのは、たまたま王子さまの口から出たことばが、つながっていってのことだった。たとえばはじめて僕の飛行機を見たとき（飛行機は描かないでおく。僕には複雑《ふくざつ》すぎる）、王子さまはこう聞いたのだ。

「そこにある物は、なに？」

「物じゃない。これは飛ぶんだ。飛行機さ。僕の飛行機」

そうして僕は、自分が飛べるんだと、得意になって教えた。すると王子さまは、大声になった。

「えっ！　きみ、空から落ちてきたんだ！」

「そうなんだ」今度は少し気弱《きよわ》になって、僕《ぼく》は答えた。

「ああ！　それはいいや！……」

そうして王子さまは、とてもかわいい声で笑《わら》いだしたが、僕のほうはかなり腹《はら》が立った。不時着という災難《さいなん》は、まともにとってほしかったのだ。ところが王子さまは、こう続けた。

「じゃあ、きみも空から来たんだね！　どの星から？」

僕は、はっとした。なぜ王子さまがここにいるのかという謎《なぞ》に、ひとすじの光が差したようだった。そこですかさず聞いてみた。

「それじゃきみは、よその星から来たの？」

だが王子さまは、答えなかった。僕の飛行機を見つめながら、そっと首をふっただけだった。

「そうだね、これじゃ、そんなに遠くからは来られないね……」

そうして、物思いに沈《しず》んだ。長いあいだ、そうしていた。やがて、ポケットから僕のあげたヒツジをとりだすと、今度はその宝物《たからもの》を、しみじみとながめつづけた。

〈よその星〉のことを少しだけ聞いて、僕はどんなに興味《きょうみ》をかきたてられたことだろう。なんとかして、もっとくわしく知りたかった。

「きみはどこから来たの、ぼうや？　〈ぼくのところ〉ってどこ？　僕のヒツジをどこへ連れていくつもり？」

しばらくじっと考えてから、王子さまは言った。

「きみのくれた木箱だけど、あれは夜、ヒツジの小屋にできるからいいよね」

「そうさ。きみがいい子なら、昼間ヒツジをつないでおく綱《つな》もあげるよ。それから綱を結ぶ杭《くい》も」

だがこの申《もう》し出《で》は、王子さまの気にさわったようだ。

小惑星 B612 の王子さま

「つないでおく？　変なの！」

「でもつないでおかなかったら、どこかへ行って、いなくなっちゃうだろう」

するとぼくの友は、また笑いだした。

「行くって、どこに！」

「どこだって。ずうっと、まっすぐ……」

すると小さな王子さまは、まじめな顔になって言った。

「だいじょうぶなんだ。ほんとうに小さいから、ぼくのところは！」

それから、なんとなく少し悲しそうに、言いたした。

「ずうっと、まっすぐ行っても、そんなに遠くには行けないんだ……」

4

こうして僕は、とても重要なふたつ目のことを知った。王子さまの故郷《こきょう》の星は、一軒《けん》の家よりほんの少し大きいぐらいでしかない、ということを！

だが、それほど驚《おどろ》きはしなかった。地球とか、木星、火星、金星のように、名前のある大きな惑星《わくせい》のほかに、望遠鏡《ぼうえんきょう》でも見つけるのが大変なようなほんの小さな星も、何百とあると知っていたからだ。そんな星を、天文学者が発見すると、名前のかわりに番号をつける。そうしてたとえば、〈小惑星３２５〉などというふうに呼ぶ。

王子さまがやってきた星は、小惑星Ｂ６１２だろうと僕は思う。たしかな理由がいくつかあるのだ。この小惑星は一九〇九年に、トルコの天文学者によって、望遠鏡で一度だけ観測《かんそく》された。そうしてその天文学者は、国際天文学会議で、自分の発見についてりっぱな発表をおこなった。ところがそのときの服装《ふくそう》のせいで、誰《だれ》も信じてくれなかったのだ。おとなってそんなものだ。

その後、小惑星Ｂ６１２に、名誉《めいよ》挽回《ばんかい》の幸運が訪《おとず》れた。トルコの独裁者《どくさいしゃ》が、国民にヨーロッパ風の服装を強制《きょうせい》し、従わなければ死刑《しけい》と決めたのだ。そこで一九二〇年、天文学者はとても洗練《せんれん》されたスーツで、もう一度発表をおこなった。すると今度は、彼の言うことを全員が認《みと》めたのである。

小惑星B612について、こんなにくわしく話したり、番号まで明かしたりするのは、おとなたちのためだ。おとなは数字が好きだから。新しい友だちのことを話しても、おとなは、いちばんたいせつなことはなにも聞かない。「どんな声をしてる？」とか「どんな遊びが好き？」「蝶《ちょう》のコレクションをしてる？」といったことはけっして聞かず、「何歳《さい》？」「何人きょうだい？」「体重は何キロ？」「おとうさんの収入は？」などと聞くのだ。そうしてようやく、その子のことがわかった気になる。もしおとなに「バラ色のレンガでできたすごくきれいな家を見たよ。窓辺《まどべ》にはゼラニウムがいっぱい咲《さ》いていて、屋根にはハトが何羽もいるんだ……」と話しても、おとなは

うまく想像することができない。それにはこう言わなくてはならないのだ。「十万フランの家を見たよ！」するとおとなたちは歓声《かんせい》をあげる。「それはすてきだろうね！」

だから「王子さまは輝《かがや》くばかりにかわいかったよ、笑ったんだよ、ヒツジをほしがってたよ。だから王子さまはいたんだ。ヒツジをほしがるのは、その人がいるっていう証拠《しょうこ》だろ」と言っても、おとなたちは肩《かた》をすくめて、あなたを子どもあつかいするだけだろう！　ところがもし「王子さまは小惑星Ｂ６１２から来たんだ」と言ったなら、納得《なっとく》して、あとはあれこれ聞かずにほっておいてくれるだろう。おとなってそんなものだ。でも悪く思ってはいけない。子どもはおとなに対して、広い心を持ってあげなくては。

でも、僕らはもちろん、生きるということがどういうことかわかっているから、番号なんてかまわない！　僕はこの物語を、ほんとうはおとぎ話のように始めたかったのだ。こんなふうに。

〈むかしむかし、小さな王子さまがいた。王子さまは、自分よりわずかに大きいだけの星に住んでいた。そうして、友だちがほしかった……〉生きるというのがどういうことかわかっている人たちには、このほうが、はるかにほんとうのことのように感じられただろう。

というのも、僕は、この本を軽々《かるがる》しく読まれたくはないからだ。こうして思い出を語るのも、ほんとうはとてもつらい。僕の友だちがヒツジとともに行ってしまってから、もう六年にもなる。こうして僕が今書いているのは、彼《かれ》を忘《わす》れないためなのだ。友だちを忘れてしまうのは、悲しいから。友だちは、誰《だれ》にでもいるわけではないから。そして僕だって、数字にしか興味のないおとなになってしまうかもしれないから。絵《え》の具箱《ぐばこ》と色えんぴつを買ったのも、そのためだ。この年で絵をまた始めると

いうのは、大変なことだ。特に六歳《さい》で、なかが見えないボアと見えるボアを描《か》いて以来、なにひとつ描いてみることのなかった者には！　もちろん、できるだけ似ている肖像画《しょうぞうが》を描こうと、これからもがんばってはみる。でもうまくいくかどうかは、あまり自信《じしん》がない。まあまあのが一枚描けても、次のはもうだめだったりするのだ。王子さまの背《せ》かっこうがまたむずかしい。こっちの絵では大きすぎるし、あっちのでは小さすぎる。あの衣装《いしょう》の色にも迷ってしまう。こんなふう、あんなふうと、どうにかこうにかやってみる。それでも結局《けっきょく》、もっと大事などこかの部分を、まちがえてしまいそうだ。でも、そこのところは勘弁《かんべん》してほしい。僕の友だちは、説明というものを一度もしてくれなかったのだから。たぶん、僕《ぼく》も自分と同じだと思ったのだろう。けれど僕は、残念ながら、木箱のなかのヒツジを見ることはできない。たぶん、僕はもう、おとなたちと多少同じなのだろう。いつのまにか僕も、年をとってしまったにちがいない。

5

王子さまの星や、そこを出てきたときのことや、これまでの旅について、僕は毎日新しいことを知っていった。王子さまがかたわらであれこれ考えるにつれて、自然と僕にもわかってきたのだ。そうして三日目には、バオバブとの闘《たたか》いの話を知った。

このときも、きっかけをつくってくれたのはヒツジだった。不意に王子さまが、心配でたまらなくなったように、こう聞いてきたのだ。

「ヒツジが小さな木を食べるって、ほんとだよね？」

「うん、ほんとだ」

「ああよかった！」

ヒツジが小さな木を食べるのが、なぜそんなに大事なことなのか、僕にはわからなかった。すると王子さまは、さらに聞いた。

「じゃあ、バオバブも食べる？」

僕は王子さまに言った。バオバブは小さな木なんかじゃなくて、教会の建物みたいに巨大だから、ゾウの群れを引きつれていったって食べきれやしない、と。

ゾウの群れを思いえがいて、王子さまは笑った。

「いっぱい積みかさねないと、ぼくのところには入らないよ……」

でもそれから、賢《かしこ》そうな瞳《ひとみ》を輝かせた。

「バオバブも、大きくなる前は小さいでしょ」

「それはそうだ！　でもどうして、小さなバオバブをヒツジに食べてもらいたいの？」

すると王子さまは「そんなのあたりまえ！」と、わかりきったことのように言った。おかげで僕は、ひとりでこの問題を理解しようと、いっしょうけ

んめい頭を使わなくてはならなくなった。
それはこういうことだった。王子さまの星にも、ほかの星と同じように、いい草と悪い草があった。そうしていい草にはいい種が、悪い草には悪い種ができる。でも種は目につかない。土のなかでひっそり眠《ねむ》っている。やがてどれかひとつが、目をさまそうかなという気になると、伸《の》びをして、はじめはおずおずと、なんの害もないみずみずしい小さな茎《くき》を、太陽の光にむかって伸ばすわけだ。それがもし二十日大根《ラディッシュ》やバラの茎なら、伸びるままにしておいてもいいだろう。けれどももし悪い植物だったなら、見つけたとたんに抜《ぬ》かなくてはいけない。小さな王子さまの星には、

まさにそうしたとんでもない種があった……それが、バオバブの種だったのだ。しかも星の土は、種だらけだった。そもそもバオバブは、抜くのが遅《おそ》くなると、二度と取りのぞけなくなる。そうして星全体をおおう。根が星を貫《かん》通《つう》する。星はとても小さいから、そんなバオバブが増えすぎると、ついには破裂《はれつ》してしまう。

「毎日のきまりにすればいいんだよ」のちに王子さまは言った。「朝、自分の身づくろいがすんだら、今度は星の身づくろいをていねいにしてあげるんだ。それでそのとき、これはバラじゃなくてバオバブだってわかったらすぐに、きちんと抜くようにする。はじめのうちは、バラとバオバブってよく似ているから。おもしろくもない仕事だけど、とってもかんたんさ」

ある日、このことを僕の星、つまり地球の子どもたちも、よく頭に入れておけるように、いい絵を一枚がんばって描いておいたほうがいいと、王子さまはすすめてくれた。

「いつかその子たちが旅をするときに、役に立つと思うよ。仕事には、先延《さきの》ばしにしてもだいじょうぶなものも、たまにある。でもバオバブの場合は、ぜったいに取りかえしがつかなくなる。ぼく、なまけ者が住んでた星を知ってるんだ。そいつ、バオバブの小さな木を三本ほっておいたから……」

そこで僕は、王子さまの話のとおりに、その星を描いた。もともと僕は、お説教くさいことを言うのは好きではない。でもバオバブのおそろしさはあまりに知られていないし、小惑星で道に迷った人にふりかかる危険もあまりに大きいので、今回だけ特別に、思いきって言うことにする。〈子どもたちよ！　バオバブには気をつけろ！〉この絵をいっしょうけんめい描いたのも、きみたち友だちが、僕と同じように、長年なにも知らずに危険と隣《とな》りあわせてきたことを知らせるためなのだ。この忠告《ちゅうこく》に、耳をかたむけて損はない。きみたちはもしかしたらこう思うかもしれない。この本には、どうしてこのバオバブと同じぐらい堂々《どうどう》としたりっぱな絵が、ほかにないんだろう、と。なんのことはない。やってみたがうまくいかなかったのだ。バオバブを描いたときには、それぐらいせっぱつまった気持ちに駆《か》りたてられていたのだ。

バオバブ

6

ああ！ 小さな王子さま、こうして僕は、ささやかでせつないきみの人生を、少しずつ理解していった。きみには長いあいだ、やさしさに満ちた夕暮《ゆうぐ》れどきの景色《けしき》しか、心をなぐさめてくれるものがなかったことも。この新しい話を、僕は四日目の朝、きみがこう言ったときに知った。

「ぼく、夕陽《ゆうひ》が大好きなの。見に行こうよ、夕陽を……」

「でも待たなくちゃ……」

「待つって、なにを？」

「陽が沈《しず》むのを」

最初きみは、びっくりしたような顔になった。でもすぐに笑いだして、こう言った。

「自分の星にいるつもりになってた！」

そうだね。アメリカで正午のとき、フランスでは、みんなも知ってのとおり、日が沈んでいくわけだ。だからもし一分でフランスまで行けるなら、それで夕陽が見られる。でも残念ながら、フランスはもっとずっと遠いところにある。ところがきみの小さな星では、ほんの何歩かいすを動かせばいいだけだった。そうすれば、見たいときにいつでも夕暮れの光景が見られる……

「陽が沈むのを、一日に四十四回見たこともあったよ！」

そう言ってしばらくしてから、きみはぽつりとつぶやいた。

「ねえ……悲しくてたまらないときは、夕陽が見たくなるよね……」

「じゃあ四十四回見た日は、きみは悲しくてたまらなかったの？」

王子さまは、答えなかった。

7

五日目、またもヒツジのおかげで、王子さまの秘密《ひみつ》がひとつ明らかになった。長いあいだ、黙《だま》って考えてきた問題がようやく時を得たように、王子さまはいきなり、なんの前置きもなく、僕にたずねた。

「ヒツジって、小さな木を食べるんだから、花も食べる？」

「ヒツジは出くわしたものを、なんでも食っちまうよ」

「トゲのある花でも？」

「そう。トゲのある花でも」

「それならトゲは、なんのためにあるの？」

そんなことは知らない。そのとき僕は、かたく締《し》まりすぎているエンジンのボルトをゆるめようと、手が離《はな》せないでいた。飛行機の故障《こしょう》はそうとう重大だとわかってきて、気が気ではなかったし、飲み水もなくなりかけていて、最悪の事態《じたい》におびえてもいた。

「トゲは、なんのためにあるの？」

　小さな王子さまは、一度質問したら、けっしてあきらめない。だが僕《ぼく》はボルトでいらいらしていたので、てきとうに答えた。

「トゲなんて、なんの役にも立たない。あれは、花のいじわる以外のなにものでもない」

「ええ？」

　だが一瞬《いっしゅん》静かになったあと、王子さまはくやしそうに言った。

「そんなの信《しん》じない！　花は弱《よわ》いんだ。ものも知らない。でもできるだけのことをして、自分を守《まも》ってる。トゲがあれば、みんなこわがると思ってるんだ……」

　僕はもう答えなかった。このときはこう考えていたのだ。〈どうしてもこのボルトがまわらないなら、かなづちでぶったたいてみるか〉と。だが王子

さまが、また割って入ってきた。

「でもきみ、きみはそう思ってるの、花が……」

「いいや！　ちがう！　僕はなんにも思ってやしない！　てきとうに答えただけだ。大事なことで、忙《いそが》しいんだ、僕は！」

王子さまは、ぼう然としてこちらを見つめた。

「大事なこと！」

かなづちを手に、よごれた機械油で指先をまっ黒にして、変なかっこうに見えているにちがいない物体にかがみこんでいる僕を、王子さまは見ていた。

「おとなみたいな言い方だ！」

僕は、少しわれに返って、恥《は》ずかしくなった。でも容赦《ようしゃ》なく、王子さまは続けた。

「きみはごちゃ混ぜにしてる……大事なこともそうでないことも、いっしょくたにしてる！」

王子さまは、本気で怒《おこ》っていた。風にむかって、金色に透《す》きとおる髪《かみ》を揺《ゆ》らしながら。

「ぼく、まっ赤《か》な顔のおじさんがいる星に、行ったことがある。おじさんは、一度も花の香《かお》りをかいだことがなかった。星を見たこともなかった。誰《だれ》も愛したことがなかった。たし算以外は、なにもしたことがなかった。一日じゅう、きみみたいにくり返してた。『大事なことで忙しい！　私《わたし》は有能《ゆうのう》な人間だから！』そうしてふんぞり返ってた。でもそんなのは人間じゃない。キノコだ！」

「え？」

「キノコだ！」

怒《いか》りのあまり、王子さまはまっさおになっていた。

「何百万年も昔《むかし》から、花はトゲをつけている。何百万年も昔から、ヒツジはそれでも花を食べる。なんの役にも立たないトゲをつけるのに、どうして花があんなに苦労するのか、それを知りたいと思うのが、大事なことじゃないって言うの？　ヒツジと花の戦いが、重要じゃないって言うの？　赤い顔の太ったおじさんのたし算より、大事でも重要でもないって言うの？　ぼくはこの世で一輪《いちりん》だけの花を知っていて、それはぼくの星以外どこにも咲《さ》いていないのに、小さなヒツジがある朝、なんにも考えずにぱくっと、こんなふうに、その花を食べてしまっても、それが重要じゃないって言うの！」

王子さまは、今や顔を紅潮《こうちょう》させていた。そして続けた。

「もしも誰かが、何百万も何百万もある星のうち、たったひとつに咲いている花を愛していたら、その人は星空を見つめるだけで幸せになれる。〈ぼくの花が、あのどこかにある〉って思ってね。でも、もしその花がヒツジに食べられてしまったら、その人にとっては、星という星が突然《とつぜん》、ぜんぶ消えてしまったみたいになるんだ！　それが重要じゃないって言うの！」

王子さまは、それ以上なにも言えなくなった。そうして不意に、泣《な》きじゃくりだした。あたりは夜になっていた。僕の手から工具が落ちた。かなづちもボルトも、のどの渇《かわ》きも死も、僕にはもうどうでもよかった。ある星に、惑星《わくせい》に、僕の星に、地球に、なぐさめてあげなければいけない小さな王子さまがいるのだから！　僕は王子さまを抱《だ》きしめた。やさしく揺《ゆ》すった。そして言った。「きみが愛している花は、危ない目になんかあわないよ……僕がきみのヒツジに、口輪《くちわ》を描《か》いてあげる……きみの花には、身を守るものを描いてあげる……僕が……」だがそれ以上、なにを言えばいいのか、僕にはわからなかった。自分がひどく不器用《ぶきよう》になった気がした。どうすれば王子さまの心に届くのか、そうしてふたたび気持ちが通《かよ》うようになるのか、わからなかった……まったくもって謎《なぞ》につつまれている、涙《なみだ》の国というものは！

8

まもなく僕は、その花のことを、もっとよく知るようになった。王子さまの星では、もともと一重《ひとえ》の花びらのあっさりした花が、少しも場所をとらず、誰のじゃまもせずに咲いていた。草のあいだで朝ひらき、夕方には消えていく。ところがある日、どこからともなく運ばれてきた種から、その花が芽を出した。やがてどんな茎《くき》ともちがう茎になったころ、王子さまはよく気をつけながら、その様子《ようす》を見はりだした。新種のバオバブかもしれないからだ。けれどそれが小さな木になると、伸《の》びるのはそこでもうやめて、花をつける準備を始めたのだ。ふっくらした大きなつぼみができたのを見て、王子さまは、そこから奇跡《きせき》のようなものが現《あらわ》れ出るのだろうと感じた。だが花は、緑の部屋《へや》にかくれたまま、美しくなるしたくにかかりきりだった。念入《ねんい》りに色を選んで、ゆっくりドレスをまとうと、一枚一枚花びらを整えた。ヒナゲシみたいに、しわくちゃで出ていきたくはなかったのだ。美しさでまばゆいばかりに輝《かがや》いて、姿《すがた》を現したかった。そう！　とてもおしゃれだったのだ！

こうして秘密の身じたくは、何日も何日も続いた。そしてようやくある朝、ちょうど日の出の時刻に、花は姿を現した。

そうして、すみずみまで隙《すき》のない装《よそお》いを終えたというのに、あくびをしながらこう言った。

「ああ！　いま目がさめたところなの……あら失礼《しつれい》……まだ髪《かみ》がくしゃくし

ゃね……」

でも小さな王子さまは、感嘆《かんたん》の気持ちを抑《おさ》えることができなかった。

「なんてきれいなんだ！」

「そうでしょう？」花は静かに答えた。「お日さまと一緒《いっしょ》に生まれたんですもの……」

あんまり控《ひか》え目《め》じゃないんだな、と王子さまは気がついたが、それにしても胸を打たれる美しさだった！

「朝ごはんの時間じゃないかしら」ほどなく花は言った。「わたしにもお願いできます？……」

王子さまはどぎまぎしながら、じょうろに新鮮《しんせん》な水をくんで持ってきて、たっぷりごちそうした。

こうして花はすぐに、やや気むずかしい見栄《みえ》をはっては、王子さまを困《こま》ら

せるようになった。たとえばある日、自分の四つのトゲの話をしながら、こんなふうに言った。

「トラたちが、爪《つめ》を光らせて、来るかもしれないでしょ！」

「ぼくの星にトラはいないよ」王子さまは異議《いぎ》をとなえた。「それにトラは草を食べない」

「わたし、草じゃありません」花は静かに答えた。

「ごめん……」

「トラなんかぜんぜんこわくないけど、風が吹《ふ》きこむのは大きらい。ついたてはないのかしら？」

〈風が吹きこむのは大きらいって……植物なのに、困ったものだな〉王子さまは、また気がついた。〈この花は、なかなか厄介《やっかい》だ……〉

「夕方になったら、ガラスのおおいをかぶせてね。あなたのところ、とても寒いわ。設備《せつび》が悪いのね。わたしが前にいたところは……」

そして口をつぐんだ。花は種の状態《じょうたい》でやってきたのだ。ほかの世界のこと

など知っているはずがない。こんなにすぐわかるうそを、思わずついてしまったことがきまり悪くて、花は二、三度咳《せき》をし、悪いのは王子さまのほうにしようとした。

「それで、ついたては?……」

「さがしに行こうとしたら、あなたが話しかけてきたんでしょ!」

花はまたわざと咳をして、王子さまに、やっぱりすまなかったと思わせた。

こうして小さな王子さまは、愛する気持ちがおおいにあったにもかかわらず、じきに花のことを信じることができなくなった。気まぐれなことばを真《ま》に受けては、とてもみじめな気持ちに落ちこんでいた。

「あの花の言うことを、ぼくは聞いちゃいけなかったんだ」

ある日、王子さまは僕にうちあけた。「花の言うことなんて、

けっして聞いちゃいけない。見つめたり、香りをかいだりしていればいいんだ。あの花は、ぼくの星をいい香りでいっぱいにしてくれた。なのにぼくは、それを楽しむことができなかった。トラの爪の話だって、うんざりしたけど、ほんとはやさしい気持ちになってあげるべきだった……」

さらに言った。

「ぼくはあのころ、なんにもわかっていなかった！　ことばじゃなくて、してくれたことで、あの花を見るべきだった。あの花はぼくをいい香りでつつんでくれたし、ぼくの星を明るくしてくれたんだ。ぼくは、逃《に》げだしたりしちゃいけなかった！　あれこれ言うかげには愛情があったことを、見ぬくべきだった。花って、ほんとに矛《む》盾《じゅん》してるんだね！　でもぼくはまだ、あまりに子どもで、あの花を愛することができなかった」

9

星を出ていくのに、王子さまは渡《わた》り鳥《どり》の旅を利用したのだと思う。旅立つ日の朝、王子さまは自分の星をきちんとかたづけた。ていねいに、活火山の煤《すす》もそうじした。星にはふたつの活火山があったのだ。これは朝ごはんをあたためるのに、なかなか便利だった。死火山もひとつあった。だが王子さまの言うとおり、〈用心にこしたことはないからね！〉だからこちらも、同じようにそうじした。きれいにそうじをしておけば、火山というのは静かに規則正しく燃えて、噴火《ふんか》はしない。噴火は、暖炉《だんろ》のえんとつに煤がたまって起きる、えんとつの火事と同じようなものなのだ。だが僕らが住んでいる地球では、火山をそうじするには、僕らはなんといっても小さすぎる。おかげで災害がたくさん起きてしまう。

小さな王子さまは、ちょっぴりさびしい気分になりながら、はえてきたばかりのバオバブの芽も抜《ぬ》いた。ここへはもう、二度と戻《もど》ってくるつもりはなかった。でもこの朝は、こうしたいつもの仕事が、いやに心にしみたのだ。そうして、花に最後の水をやり、ガラスのおおいをかけてやろうとしたときには、思わず泣《な》きたくなっているのに気がついた。

「さようなら」王子さまは花に言った。

花は答えなかった。

「さようなら」もう一度言った。

花は咳をした。でも風邪《かぜ》のせいではなかった。

「わたし、ばかだった」とうとう花が言った。「ごめんなさい。幸せになってね」

ひとことも責《せ》められなかったので、王子さまは驚《おどろ》いた。そしてその場に立ちつくした。すっかりとまどい、ガラスのおおいも宙《ちゅう》ぶらりんになった。このおだやかな静けさの意味が、わからなかった。

「そうよ、わたし、あなたを愛してる」花が言った。「知らなかったでしょ

ていねいに、活火山の煤もそうじした。

う、あなた。わたしのせいね。どうでもいいけど。でも、あなたもわたしと同じぐらい、ばかだった。幸せになってね……そのおおいは置《お》いといて。もう、いいの」

「でも風が……」

「風邪はたいしたことないわ……ひんやりした夜風《よかぜ》はからだにいいし。わたし、花だもの」

「でも獣《けもの》が……」

「蝶々《ちょうちょう》とお友だちになりたかったら、毛虫の二匹《ひき》や三匹がまんしなくちゃね。とってもきれいなんでしょう。だってほかに誰《だれ》が訪《たず》ねてきてくれるかしら？　あなたは遠くへ行っちゃうし。大きな獣も、ぜんぜんこわくない。わたしにだって、爪があるわ」

花は無邪気《むじゃき》に、四つのトゲを見せた。そうして言いたした。

「さあ、いつまでもぐずぐずしないで。いらいらするから。行くって決めたのなら、もう行って」

でもそれは、泣くのを王子さまに見られたくなかったからなのだ。ほんとうに、プライドの高い花だった……

10

やがて王子さまは、小惑星《しょうわくせい》325、326、327、328、329、330のあたりまでやってきた。そこでそれらの星を訪ねて、仕事をさがしたり見聞《けんぶん》を広めたりすることにした。

最初の星には、王さまが住んでいた。王さまは、緋色《ひいろ》の衣《ころも》に白テンの毛皮をまとって、ぜいたくではないが威厳《いげん》のある玉座《ぎょくざ》にすわっていた。

「おお、民《たみ》が来たか！」小さな王子さまを見つけると、王さまはそう叫《さけ》んだ。

王子さまは不思議《ふしぎ》に思った。

「一度も会ったことがないのに、ぼくが誰だか、どうしてわかるのかな？」

王子さまは知らなかったのだ。王さまというものにとって、世界はとてもかんたんで、人はみな民であることを。

「もっとよく見えるように、近くへ」ようやく君臨《くんりん》する相手ができた王さまは、満足そうに言った。

王子さまは目ですわるところをさがしたが、王さまのみごとな白テンのコートで、星はほとんどふさがれていた。それで立ったままでいたのだが、疲《つか》れていたのでついあくびが出た。

「王の前であくびをするとは、なにごとか」王さまが言った。「あくびは禁《きん》止《し》だ」

「がまんできなかったんです」王子さまは、かしこまって言った。「ずっと旅を続けてきて、眠《ねむ》っていなかったので……」

「ならば」王さまは言った。「あくびを命じる。もう何年も、人があくびをするところを見ておらん。興味《きょうみ》がある。さあ！　もう一度あくびをせよ。命令だ」

「そんな、緊張《きんちょう》しちゃいます……もうできません……」王子さまは、まっ赤《か》

になった。

「えへん！　えへん！」王さまは咳《せき》ばらいした。「それでは……こう命じる。ときにはあくびをし、またときには……」

王さまは早口になって、少し言いよどんだ。どうやら不愉快《ふゆかい》になったらしい。

というのも、王さまは、なにより自分の権威《けんい》が守られることを望《のぞ》んでいたからだ。命令に従わないなど、がまんならない。絶対君主《ぜったいくんしゅ》なのだ。けれど性格《せいかく》のいい王さまだったので、無茶《むちゃ》な命令を出したりはしなかった。

「もし、予《よ》が」となめらかな口調に戻《もど》って、王さまが言った。「もし、予が将軍《しょうぐん》に海鳥《うみどり》になれと命じて、将軍が従わなかったとしても、それは将軍のあやまちではなかろう。予のあやまちであろう」

「すわってもよろしいでしょうか？」おずおずと、王子さまがたずねた。

「すわるよう命じる」王さまはそう答えると、白テンのコートのすそを、おごそかに引きよせた。

王子さまは、驚いた。その星は、ほんとうにちっぽけだったのだ。ここで王さまは、いったいなにを治《おさ》めているというのだろう?

「陛下《へいか》……」王子さまは声をかけた。「おたずねしてもよろしいでしょうか……」

「たずねるよう命じる」王さまは急いで言った。

「陛下は……なにを治めていらっしゃるんですか?」

「すべてをだ」いともかんたんに、王さまは答えた。

「すべてを?」

王さまはさりげない身ぶりで、自分の星も、ほかの惑星も恒星《こうせい》も、ぐるりとぜんぶを示《しめ》した。

「このすべてをですか?」王子さまは言った。

「このすべてをだ……」王さまは答えた。

この王さまは、絶対君主であるだけでなく、宇宙《うちゅう》の君主でもあったわけだ。

「じゃあ、星はみんな陛下に従うんですか?」

「もちろん」王さまは答えた。「ただちに従う。従わないことは許《ゆる》さん」

あまりの権力《けんりょく》に、王子さまはびっくりした。もしぼくにそんな力があったら、一日に四十四回どころか、七十二回でも百回でも、いや二百回でも、いすさえ動かさずに、陽《ひ》が沈《しず》むところを見られただろうに！　王子さまは、あとにしてきた自分の星を思い出して、少しさびしくなったので、思いきって王さまにお願いをしてみることにした。

「ぼく、夕陽を見たいんですが……お願いします……太陽に沈めと命令してください……」

「もし予が将軍に、蝶々のように花から花へ飛べとか、悲劇《ひげき》を一作《いっさく》書けとか、海鳥になれなどと命じて、将軍が従わなかったら、悪いのは将軍か予か、どちらだ？」

「陛下です」王子さまはしっかり答えた。

「そのとおり。人にはそれぞれ、その人ができることを求めなくてはならん」王さまは言った。「権威というものは、なにより道理《どうり》にもとづく。もし人民に、海に行って身を投げろなどと命じたら、革命《かくめい》が起きてしまう。予の命令が道理にもとづいておるからこそ、予には服従を求める資格《しかく》があるのだ」

「それで、お願いした夕陽は？」一度質問をしたらけっして忘《わす》れない王子さまが、話を戻した。

「夕陽は、見せよう。予が命令しよう。だが予は、統治《とうち》のコツとして、状況《じょうきょう》が好《この》ましくなるまで待つのだ」

「待つって、いつまでですか？」小さな王子さまはたずねた。

「えへん、えへん！」分厚《ぶあつ》い暦《こよみ》を調べながら、王さまが答えた。「えへん、えへん！　だいたい……だいたい……今夜の、だいたい七時四十分である！　そうすれば、太陽も予に従うことが、よくわかるであろう」

王子さまはあくびをした。夕陽が見られなくて残念だった。それに、少しつまらなくなってきた。

「ここではもう、することがなくなりました」王子さまは、王さまに言った。

「そろそろまたでかけます！」

「行くな」君臨する民ができて満足していた王さまは、言った。「行くな。大臣にしてやろう！」

「なんの大臣ですか？」

「えー……法務《ほうむ》大臣だ！」

「でも、裁《さば》く人なんて誰もいません！」

「それはわからん」と王さま。「予はまだ、この王国をめぐってみたことがない。ずいぶん年をとってしまったが、馬車に乗ろうにも、そもそもその置《お》き場もない。歩くのは疲れる」

「ああ！　でもそれなら、もう見てきましたよ」王子さまはそう言うと、身を乗りだして、星の反対側をもう一度ながめた。「むこうにも、誰もいませんん……」

「では、そちが自分を裁けばよい」王さまが言った。「これは最もむずかしいことだ。他人を裁くより、自分を裁くほうがずっとむずかしい。自分をきちんと裁けるなら、そちは真《しん》の賢者《けんじゃ》ということだ」

「ぼくは」と王子さま。「どこにいても自分を裁けます。なにもここに住むことはありません」

「えへん、えへん！」と王さま。「たしか、予の星のどこかに、年寄りのネズミがおる。夜になると音がしている。このネズミを裁けばよい。ときどき死刑《しけい》も出すがよい。ネズミの命は、そちの判断《はんだん》ひとつということになる。だが節約《せつやく》のため、毎回恩赦《おんしゃ》を与《あた》えるように。ネズミは一匹《ぴき》しかおらんのでな」

「でも」と小さな王子さまは答えた。「ぼくは死刑なんか出したくありません。やっぱりもう行きます」

「ならぬ」王さまが言った。

王子さまは、旅立つしたくを終えていたが、年老いた王さまに気まずい思いをさせたくはなかった。

「誰《だれ》もが必ず従うことをお望みでしたら、陛下はぼくに、道理にもとづいた命令をお出しになればいいんです。たとえば『一分以内に出発せよ』って。

状況も好ましいようですし……」

王さまがなにも答えなかったので、王子さまは最初ためらったが、ちょっとため息《いき》をつくと、出発した。

「そちを大使に任命する」王さまが急いで叫《さけ》んだ。

威厳《いげん》ある堂々《どうどう》とした様子《ようす》だった。

「おとなって変わってるな」王子さまは、旅を続けながら、つぶやいた。

11

二番目の星には、大物気《おおものき》どりの男が住んでいた。

「さて、さて！　私《わたし》を称《たた》える者が来たぞ！」小さな王子さまに気づくなり、大物気どりは遠くから大声で言った。

大物気どりの男にとって、人はみな彼《かれ》を称賛《しょうさん》する存在《そんざい》なのだ。

「こんにちは」王子さまが言った。「変わった帽子《ぼうし》ですね」

「あいさつをするためだ」大物気どりは答えた。「喝采《かっさい》を受けたときにな。でも残念ながら、これまで誰も通りかかったことがない」

「へえ？」王子さまはそう言ったものの、意味がわからなかった。

「手をたたくんだよ」大物気どりが教えた。

王子さまは手をたたいた。大物気どりは帽子を持ちあげて、うやうやしくおじぎをした。

「これは王さまのところより楽しいな」王子さまは思った。そこでもう一度手をたたいた。大物気どりはもう一度帽子を持ちあげて、おじぎをした。

だがこれをくり返して五分もすると、王子さまは、やりとりが単調で飽《あ》きてきた。

「帽子を下に落とすには、どうすればいいの？」王子さまは聞いてみた。

だが大物気どりは聞いていなかった。大物気どりの男というのは、自分をほめたたえることばしか耳に入らないのだ。

「きみはほんとうに、私を心から称賛しているかな？」大物気どりは王子さまに聞いた。

「『称賛する』って、どういうこと？」

「『称賛する』というのは、私がこの星でいちばんハンサムで、いちばんおしゃれな服を着ていて、いちばん金持ちでいちばん頭もいいと、認《みと》めることだ」

「でもこの星には、あなたしかいないよ！」

「それでも私を、称賛してほしいなあ！」

「称賛するよ」王子さまは、ちょっと肩《かた》をすくめて言った。「でも、どうしてそんなことがおもしろいの？」

そうして王子さまは、その星をあとにした。

〈おとなって、やっぱり変だ〉旅を続けながら、王子さまは、すなおにそう思った。

12

次の星には、酒びたりの男が住んでいた。王子さまがここを訪《たず》ねたのは、わずかなあいだだったが、それでもとても憂《ゆう》うつな気持ちになってしまった。

「そこでなにをしてるの？」王子さまは、酒びたりの男に聞いた。男はからになった瓶《びん》と酒の入った瓶を、それぞれずらりと並べて、その前でなにも言わずにすわっていた。

「飲んでるんだ」暗い面持《おもも》ちで、酒びたりの男は答えた。

「どうして飲んでるの？」王子さまがたずねた。

「忘れるため」男が答えた。

「忘れるって、なにを？」なんだかかわいそうになってきて、王子さまは聞いた。

「恥《は》じているのを忘れるため」男はうつむいて、打ち明けた。

「なにを恥じているの？」救ってあげたいと思って、王子さまはたずねた。

「飲むことを恥じている！」酒びたりの男はそう言うと、沈黙《ちんもく》のなかに、完全に閉じこもった。

　王子さまは、どうしたらいいのかわからなくなって、その星をあとにした。

〈おとなって、やっぱりすごく変だ〉

旅を続けながら、王子さまは、思った。

13

四番目の星は、実業家《じつぎょうか》の星だった。実業家は仕事中で、王子さまがやってきても顔さえ上げなかった。

「こんにちは」王子さまは言った。「たばこの火、消えてますよ」

「三たす二は五。五たす七は十二。十二たす三は十五。こんにちは。十五たす七は二十二。二十二たす六は二十八。火をつけなおすひまもない。二十六たす五は三十一。やれやれ！　これで五億《おく》百六十二万二千七百三十一になる」

「五億って、なにが？」

「え？　まだいたのか？　五億百……なんだっけ……私には仕事が山とある！　有能《ゆうのう》な人間だからな、私は。くだらんことにはつきあえない！　二たす五は七……」

「五億百って、なにが？」一度質問をしたらぜったいにあきらめない王子さまが、もう一度聞いた。

実業家は顔を上げた。

「この星に住んで五十四年、仕事のじゃまをされたのは三度だけだ。一度目は二十二年前、いったいどこからやら、コガネムシが降ってきた。ブンブンひどくうるさくて、たし算を四つもまちがえた。二度目は十一年前、リューマチの発作《ほっさ》が起きた。運動不足だね。なにしろふだん、そこらを歩くひまもない。有能な人間だからな、私は。三度目は……今だ！　たしか私は、五億百……」

「百って、なにが？」

実業家は、どうしても静かにはしてもらえないことを、さとった。

「五億百何十万ものちっちゃなものが、ときどき空に見えるんだよ」

「ハエのこと？」

「いいや、チカチカしているものさ」

「ミツバチ？」

「いいや。ぐうたらどもに、あれこれ夢《ゆめ》を見させる金色のちっちゃなものだ。だが私は、有能な人間だからな！　夢など見てるひまはない」

「ああ！　星だね？」

「そのとおり。星だ」

「それで、五億の星をどうするの？」

「五億百六十二万二千七百三十一。これは大事な仕事なんだ、正確にやらんと」

「それで、その星をどうするの？」

「私が？」

「そう」

「なにも。私は持《も》ち主《ぬし》なんでね」

「星の持ち主なの？」

「そうだ」

「でもぼく、王さまに会ってきて……」

「王さまは持ち主ではない。ただ『治《おさ》めている』だけ。ぜんぜんちがうことだ」

「じゃあ、星を持ってると、なんの役に立つの？」

「金持ちでいられる」

「金持ちでいられると、なんの役に立つの？」

「ほかの星を買える。誰《だれ》かが新しく見つけたときに」

〈この人は〉と王子さまは思った。〈あの酔《よ》っぱらいと、ちょっと似た考え方をしてるな〉

けれど王子さまは、なおも質問を続けた。

「どうやったら星の持ち主になれるの？」

「星は誰のものだ？」癇《かん》にさわったように、実業家は聞きかえしてきた。

「知らない。誰のものでもない」

「じゃあ私のものだ。私が最初に思いついたんだから」

「それだけでいいの？」

「そりゃそうだろう。誰のものでもないダイヤモンドをきみが見つけたら、それはきみのものだ。誰のものでもない島をきみが見つけたら、それもきみのものだ。誰よりも先になにか思いついたら、特許《とっきょ》をとる。そうすればその思いつきは、きみのものだ。で、私は星の持ち主というわけだ。私より先に星を持とうと思った者は、誰もいないんだから」

「なるほど」小さな王子さまは言った。「それでその星をどうするの？」

「管理《かんり》する。数をかぞえ、またかぞえなおす」と実業家。「むずかしい仕事だ。でも私は、有能な人間だからな！」

王子さまは、まだ納得《なっとく》していなかった。

「ぼくなら、スカーフを持っていれば、首に巻《ま》いてでかける。花を持っていたら、摘《つ》んで持ち歩く。でも星は、摘めないよ！」

「だが銀行に預けられる」

「どういうこと？」

「私の星の数を、紙切れに書くってことだ。で、その紙切れをひきだしにしまって、鍵《かぎ》をかけておく」

「それでおしまい？」

「それでじゅうぶん！」

〈おもしろいな〉と王子さまは思った。〈なかなか詩的《してき》だな。でもあんまり有能って感じはしないや〉

王子さまは、有能であること、大事なことについて、おとなとはとてもちがった考えを持っているのだ。

「ぼくは」ふたたび王子さまは言った。「花の持ち主だったから、毎日水をやっていた。三つの火山の持ち主だったから、毎週煤《すす》のそうじをしていた。火の消えたのも、そうじしていた。用心にこしたことはないものね。だから火山にとっても花にとっても、ぼくが持ち主で、役に立っていた。でもあなたは、星の役には立っていない……」

実業家は口を開いたが、返すことばが見つからなかった。そこで王子さまは、その星をあとにした。

〈おとなってやっぱり、まったくどうかしてるな〉王子さまは、旅を続けながら、すなおにそう思った。

14

五番目の星は、とても変わったところだった。どこよりもいちばん小さな星だった。そこにはガス灯《とう》が一本と、そこに火をともす点灯人《てんとうにん》がひとりいたが、それだけで星はいっぱいだったのだ。宇宙のどこかの、家も住む人もない星で、いったいガス灯と点灯人がなんの役に立っているのか、小さな王子さまにはどうしてもわからなかった。それでも、こんなふうに考えた。

〈きっとこの人も、おかしな人なんだ。でもあの王さまや大物気《おおものき》どりや、実業家や酒びたりの人よりは、おかしくない。だって、この人の仕事には意味がある。この人がガス灯をともすと、まるで星がもうひとつ生まれ出るみたいだ。花がひらくみたいだ。そうして消すと、花は眠《ねむ》る。星が眠る。とってもすてきな仕事だ。すてきだってことは、役に立っているってことだ〉

王子さまは星に着くと、敬意《けいい》をこめて、点灯人にあいさつした。

「こんにちは。どうして今、ガス灯を消したの？」

「そういう指示《しじ》なんだ」点灯人は答えた。「おはよう」

「指示ってなに？」

「ガス灯を消すこと。こんばんは」

そしてまたガス灯をともした。

「どうしてまたつけたの？」

「そういう指示なんだ」と点灯人。

「わからないよ」と王子さま。

「わかる必要なんてない」点灯人は言った。「指示は指示だ。おはよう」

そしてガス灯を消した。

「ひどい仕事さ。」

それから赤いチェックのハンカチで、額《ひたい》をぬぐった。

「ひどい仕事さ。前はもっとまともだった。朝になるとガス灯を消して、夜になるとともす。昼は休む時間があったし、夜は眠る時間があった……」

「じゃあ、そのあと指示が変わったの？」

「指示は変わっていない。それが悲劇《ひげき》のはじまりだ！　星は年々自転が速《はや》くなっていったんだが、指示のほうは変わらなかった！」

「それで？」と王子さま。

「それで、今じゃこの星は一分に一回まわるから、私は一秒《びょう》たりとも休めない。一分ごとに、ともしたり消したりしてるのさ！」

「わあ、おもしろい！　ここの一日は、一分なんだね！」

「ちっともおもしろくなんかない」と点灯人。「こうして話しはじめて、もう一か月になるんだぞ」

「一か月？」

「そう。三十分。だから三十日！　こんばんは」

そしてまたガス灯をともした。

小さな王子さまは、点灯人を見つめた。そして、こんなにも指示に忠実《ちゅうじつ》なこの人を、好《す》きになった。かつて、いすを動かしては夕陽《ゆうひ》をながめたことも、思い出した。王子さまは、友だちを助けたくなった。

「ねえ……ぼく、好きなときに休める方法を知ってるよ……」

「いつでも休みたいね」と点灯人。

人は指示に忠実であっても、なまけ者ということもある。

王子さまは続けた。

「この星はこんなに小さいんだから、大股《おおまた》で三歩歩けば一周できる。ゆっくり歩きさえすれば、いつでも日の当たるところにいられるでしょ。だから休みたくなったら、歩けばいいんだよ……そうすれば、好きなだけ昼間が続く」

「どうってことないな」と点灯人。「この世で私が好きなのは、眠ることだから」

「ついてないね」王子さまは言った。

「ついてないんだ」点灯人が言った。「おはよう」

そしてガス灯を消した。

〈あの人は〉と王子さまは、また旅を続けながら思った。〈ほかのどの人にも、見くだされるんだろうな。王さまにも、大物気どりにも、酒びたりにも、実業家にも。でもぼくには、ばかげて見えないのはあの人だけだ。それはきっとあの人が、自分自身以外《いがい》のことをいっしょうけんめいやっているからだろう〉

王子さまは、残念そうにため息《いき》をつくと、さらに考えた。

〈友だちになれそうだったのは、あの人だけだ。でもあの星は、やっぱり小さすぎた。ふたり分の場所はなかったもの……〉

ほんとうは、残念だった理由はもうひとつある。なんといっても、あの恵《めぐ》まれた星では、二十四時間に一四四〇回も夕陽が見られるのだから!

15

六番目の星は、前の星より十倍《ばい》も大きかった。そこには、ひどく大きな本を書いているおじいさんが、住んでいた。

「これはこれは！　探検家《たんけんか》が来たか！」小さな王子さまを見つけると、おじいさんは大声でそう言った。

王子さまは机の上にすわると、大きく息をついた。もう、ずいぶん旅をしてきたものだ！

「どこから来た？」おじいさんが言った。

「この分厚《ぶあつ》い本はなに？」王子さまは聞いた。

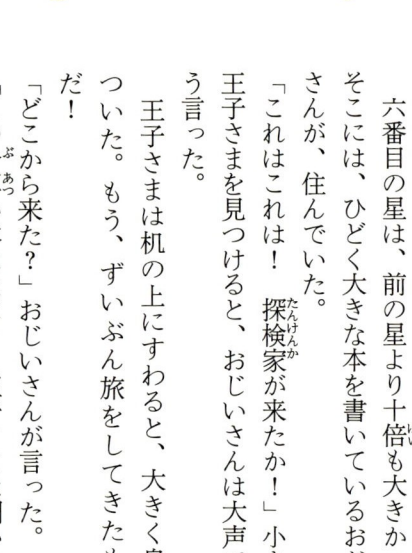

「ここでなにをしてるんですか?」

「私は地理学者だ」おじいさんは答えた。

「地理学者って、なに?」

「海や川や街《まち》、それに山や砂漠《さばく》がどこにあるのか、知っている学者のことだ」

「わあ、おもしろそう」と王子さま。「これこそ、ほんとうの仕事って感じだ!」そうしてあたりをざっとながめた。これまでこんなに堂々《どうどう》とした星は、見たことがなかった。

「りっぱな星ですね、ここは。大きな海はありますか?」

「わからんな」地理学者は言った。

「なぁんだ!(王子さまはがっかりした)じゃあ山は?」

「わからんな」

「じゃあ街や、川や、砂漠は?」

「それも、わからんな」と地理学者。

「でも地理学者なんでしょう！」

「そのとおり。だが私は探検家ではない。ここでは探検家の数が、まったくもって不足しておる。街や川や、山や海や、もっと大きな海洋《かいよう》や、砂漠をかぞえるのは、地理学者ではない。地理学者の仕事は重要だから、ぶらぶら出ていくわけにはいかんのだ。ずっと研究室にいて、探検家たちが来れば会う。いろいろ質問をして、探検家たちの話を書きとめておく。そうしてそのうちのどれかに興味《きょうみ》をひかれたら、その探検家がしっかりした人物かどうか、調べさせる」

「どうしてそんなことを？」

「探検家がうそつきだと、地理の本がとんでもないことになってしまうからだ。大酒飲《おおざけの》みの探検家でも、同じだな」

「どうして？」と王子さま。

「酔《よ》っぱらいは、物が二重《にじゅう》に見えるからね。そうしたら地理学者は、ほんとうはひとつしか山がないところに、ふたつと書いてしまうだろう」

「それならひとり知ってるよ」王子さまは言った。「だめな探検家になりそうな人」

「ほう、そうか。そこでだ、探検家がしっかりした人物だとわかってから、発見についての調査《ちょうさ》を始める」

「見にいくの？」

「いいや。そんなめんどうなことはしない。探検家に、証拠《しょうこ》を出すよう求める。たとえば大きな山を発見したなら、大きな岩を持ってきてもらう」

地理学者は不意に、顔を輝《かがや》かせた。

「そうだ、きみ、きみは遠くから来たんだったな。それなら探検家も同然《どうぜん》だ！　きみの星のことを話してくれないか」

地理学者は記録台帳《だいちょう》を開くと、えんぴつをけずった。探検家の話は、まずえんぴつで書いておくのだ。そうして証拠が出されると、インクで清書《せいしょ》する。

「それで？」と地理学者はたずねた。

「ああ！　ぼくのところなら」王子さまは言った。「そんなにたいしたところじゃありません。ほんとに小さいんです。火山が三つあります。活火山がふたつに、死火山がひとつ。でも用心にこしたことはないですよね」

「用心にこしたことはない」と地理学者。

「花も一輪《いちりん》咲《さ》いてます」

「われわれは、花のことは書かない」

「どうしてですか！　いちばんきれいなのに！」

「花は、はかないからだ」

「『はかない』って、どういうこと？」

「地理の本というものは」と学者は言った。「あらゆる本のなかで、最も確かなものなのだ。けっして古くなることはない。山が場所を変えることなどめったにない。海洋の水がからになることもめったにない。われわれは、永遠に変わらないことを書きしるす」

「でも死火山だと思ってたものが、また目をさますってこともあるでしょう」王子さまが割って入った。「『はかない』って、どういうこと？」

「火山が消えていようと目ざめていようと、われわれにとっては同じことだ」地理学者は言った。「われわれにとってたいせつなのは、山そのものというわけだ。山は変わらないからな」

「で、『はかない』って、どういうこと？」一度質問をしたらけっしてあきらめない王子さまが、くり返した。

「『ほどなく消えるおそれがある』ということだ」

「ぼくの花は、ほどなく消えるおそれがあるの？」

「そうとも」

〈ぼくの花は、はかないんだ〉王子さまは思った。〈世界から身を守《まも》るのにも、四つのトゲしか持っていない！　それなのにぼくは、たったひとりで星に残してきた！〉

このときはじめて、王子さまの胸に、痛《いた》いような思いがわきあがってきた。けれどすぐに、気持ちを切りかえた。

「これからどこを訪《たず》ねたらいいでしょう？」王子さまは聞いた。

「地球を訪ねなさい」地理学者は答えた。「なかなかいいところと評判《ひょうばん》だ……」

そこで王子さまは、花のことを思いながら、旅立った。

16

こうしたわけで、七番目の星は、地球だった。

地球は、どこにでもあるような星ではなかった！　王さまは百十一人もいるし（もちろん黒人の王さまも合わせてだ）、地理学者は七千人、実業家《じつぎょうか》は九十万人、酔っぱらいは七百五十万人、大物気《おおものき》どりは三億《おく》千百万人、つまり、ざっと二十億人のおとなが住んでいる。

その大きいことといったら、六つも大陸があって、電気が発明される前は、そこに四十六万二千五百十一人という、まさに軍隊のような数のガス灯《とう》の点《てん》灯人《とうにん》がいたのだ。

少し遠くから見ると、これは壮大《そうだい》な光景だった。この軍隊の動きというのが、オペラのバレエの場面のように、きっちり統制《とうせい》がとれていたからだ。まずはニュージーランドとオーストラリアの点灯人たちが登場する。そしてガス灯に火をともし終わると、退場して眠《ねむ》りにいく。かわって入ってくるのは、中国とシベリアの点灯人たち。彼《かれ》らも踊《おど》り終えると、舞《ぶ》台《たい》のそでに消えていく。続いてロシアとインドの点灯人たち。それからアフリカとヨーロッパ。さらに南米《なんべい》。そして北米《ほくべい》。舞台に出てくる順番《じゅんばん》がちがってしまうことは、けっしてない。華《はな》やかでみごとな光景だった。

ただ、一本しかガス灯のない北極《ほっきょく》の点灯人と、同じように一本しかない南《なん》極《きょく》の点灯人だけは、ひまで気ままな暮《くら》しを送っていた。なにしろ仕事をするのは、年に二回だけだったから。

17

人は、しゃれたことを言おうとすると、ついうそが混じってしまうことがある。ガス灯の点灯人たちについて僕《ぼく》が言ったことは、ぜんぶがほんとうではない。だから地球を知らない人には、まちがった考えを与《あた》える恐《おそ》れもある。というのも、この地球では、人間が占《し》める場所はごくわずかなものなのだ。もし地球に住む二十億の人々が、なにかの集会のときのようにつめ合わせて立てば、たて二十マイル横二十マイルの広場に、らくに入るだろう。積みかさねることができれば、太平洋のいちばん小さな島におさまるだろう。

もちろんおとなたちは、こんな話は信じない。自分たちは大きな場所を占めていると思っている。バオバブみたいにすごいものだと考えている。だったら計算してごらんと、きみたちはすすめてみてもいいかもしれない。おとなは数字が大好きだから、やってみる気になるだろう。でもきみたちは、そんなことで時間を失《うしな》わないように。むだなことだから。僕を信頼《しんらい》してくれていい。

というわけで、地球に着いた小さな王子さまは、あたりに誰《だれ》の姿も見えなくて、びっくりした。やがて星をまちがえてしまったのかと、不安になりだした。そんなとき、砂のなかで、月の色をした輪のようなものが動いた。

「こんばんは」念《ねん》のために、王子さまはあいさつしてみた。

「こんばんは」ヘビが言った。

「どこの星なの、ぼくが落ちてきたのは？」王子さまはたずねた。

「地球だよ。アフリカだ」ヘビは答えた。

「そうか！……じゃあ地球には、誰もいないの？」

「ここは砂漠《さばく》だ。砂漠には誰もいない。地球は広いのさ」

小さな王子さまは、岩の上にすわると、空を見あげた。

「星はどうして、あかりをともしたみたいに光ってるんだろう。みんな、いつか自分の星に、帰っていけるようにするためかな。ぼくの星を見て。ちょ

うど真上《まうえ》にある……でも、なんて遠いんだ！」

「美しい星だな」ヘビが言った。「ここには、なにをしにきた？」

「ぼく、花とうまくいかなくなっちゃったんだ」王子さまは言った。

「ああ！」ヘビはうなずいた。

そうしてふたりとも、黙《だま》りこんだ。

「人間たちはどこ？」しばらくして王子さまが聞いた。「砂漠って、あんまり誰もいなくて、さびしいね……」

「人間たちのいるところでも、さびしいさ」ヘビが言った。

王子さまは、長いあいだヘビをじっと見つめた。

「きみって変わった動物だね」しばらくして王子さまは言った。「指みたいに細くて……」

「でも、王さまの指より強い」ヘビが言った。

王子さまは、ほほえんだ。

「そんなに強くないでしょ……足もないし……旅もできないじゃない……」

「大型船《おおがたせん》で運ぶよりもっと遠くに、きみを連れていけるぜ」ヘビは言った。

そうして金のブレスレットのように、王子さまの足首にからみついた。

「おれは、触《ふ》れた者をみな、元《もと》いた土に帰してやる。でもきみは汚《けが》れていないし、星から来たから……」

王子さまは、なにも答えなかった。

「かわいそうになあ、こんなにか弱《よわ》いきみが、冷たい岩だらけの地球に来て。いつか、もし故郷《こきょう》の星にどうしても帰りたくなったら、おれが力を貸そう。おれが……」

「うん！　わかったよ」王子さまが答えた。「でも、どうしてきみは、謎《なぞ》めいたことばかり言うの？」

「おれにはすべてが解《と》けるから」ヘビが言った。

そうしてふたりとも、黙りこんだ。

「きみって変わった動物だね。指みたいに細くて……」

18

小さな王子さまは、砂漠を歩きつづけたが、途《と》中《ちゅう》、花にしか出会わなかった。花びらが三枚だけの、まったくなんでもない花にしか……

「こんにちは」王子さまが言った。

「こんにちは」花が言った。

「人間たちはどこにいるんでしょう？」王子さまはていねいにたずねた。

花は一度、キャラバンが通るのを見たことがあった。

「人間たち？　いると思うわ、六、七人。もう何年も前に見たわ。でもどこにいるのかは、さっぱ

り。風があちこち連れていくのよ。根がないんだもの、ずいぶん不便でしょうね」

「さようなら」王子さまが言った。

「さようなら」花が言った。

19

王子さまは、高い山にのぼった。これまで王子さまが知っていた山といえば、ひざまでの高さしかない三つの火山だけだった。消えている火山は、腰《こし》かけがわりに使っていた。〈こんなに高い山からなら〉と王子さまは思った。〈この星の様子《ようす》も人間たちも、きっとひと目で見わたせるだろうな……〉ところが見えたのは、するどく切り立った岩山の峰《みね》ばかりだったのだ。

「こんにちは」念のために、王子さまはあいさつしてみた。

「こんにちは……こんにちは……こんにちは……」こだまが答えた。

〈なんて変な星だろう！　どこもかしこも
カサカサしていて、とんがっていて、塩気でいっぱい。〉

「誰《だれ》なの？」王子さまは言った。

「誰なの……誰なの……誰なの……」こだまが答えた。

「友だちになってくれませんか、ぼく、ひとりなんだ」と王子さま。

「ぼく、ひとりなんだ……ぼく、ひとりなんだ……ぼく、ひとりなんだ……」とこだま。

〈なんて変な星だろう！〉王子さまは思った。〈どこもかしこもカサカサしていて、とんがっていて、塩気《しおけ》でいっぱい。それに人間っていうのも、想像力に欠《か》けてるな。言われたことをくり返すだけじゃないか……ぼくのところには、花がいた。あの花は、いつもぼくより先に、しゃべりだした……〉

20

砂漠と、岩と、雪のなかを長いあいだ歩きつづけて、とうとう王子さまは一本の道を見つけた。道というものは、すべて人間たちのところへつながっ

ている。
「こんにちは」王子さまはあいさつした。
そこには、バラの花咲《さ》く庭園《ていえん》があった。
「こんにちは」バラたちが言った。
王子さまは、バラたちを見つめた。どれもこれも、みんな自分の花によく似ている。
「きみたちは誰?」あ然として、王子さまはたずねた。
「バラよ、わたしたち」
「ええ!?」王子さまは言った……
そして、暗い気持ちで胸をしめつけ

られた。あの花は、自分のような花はこの世に一輪《いちりん》しかないと話していたのだ。ところがいま目の前に、そっくりの花が五千もあるではないか。それもたったひとつの庭園のなかに！

〈きげんが悪くなるだろうな〉王子さまは思った。〈あの花がこれを見たら……笑われないように、ものすごく咳《せき》をして、死にそうなふりをするだろうな。ぼくは、それを看病《かんびょう》するふりをしなくちゃならなくなるな。だってそうしなかったら、ぼくに当てつけようとして、ほんとに死んじゃうだろうから……〉

それから、こう思った。〈ぼくはこの世に一輪だけの、財宝《ざいほう》のような花を持ってるつもりでいたけど、ほんとうは、ただのありふれたバラだった。あとは、ぼくのひざまでの高さの火山が三つ、でもそれも、たぶんひとつはもう永遠に消えたままなんだ。そんなものだけじゃ、ぼくはりっぱな王子さまになれないよ……〉そうして王子さまは、草の上につっぷして、泣《な》いた。

そうして王子さまは、草の上につっぷして、泣いた。

21

キツネが現《あらわ》れたのは、そんなときだった。

「こんにちは」キツネが言った。

「こんにちは」王子さまはていねいにあいさつして、ふりむいた。だがなにも見えない。

「ここだよ」声だけがする。「リンゴの木の下」

「きみ、誰？」王子さまは聞いた。「きれいだね、きみ……」

「キツネだよ」キツネが言った。

「おいで、ぼくと遊ぼう」王子さまは声をかけた。「ぼく、今すごく悲しいんだ……」

「きみとは遊べない」キツネが言った。「なついていないから」

「ああ、失礼《しつれい》！」王子さまは言った。

けれど、しばらく考えてから、こうたずねた。

「『なつく』って、どういうこと？」

「きみ、ここの人じゃないんだね」キツネが言った。「なにをさがしてるの？」

「人間たち」と王子さま。「『なつく』って、どういうこと？」

「人間たちって」とキツネ。「銃《じゅう》を持ってて狩《か》りをするんだ。いやだね！　ニワトリも飼《か》ってる。いいのはそれだけ。きみ、ニワトリをさがしてるの？」

「ううん」王子さまは言った。「友だちをさがしてる。『なつく』って、どういうこと？」

「ずいぶん忘《わす》れられてしまってることだ」キツネは言った。「それはね、『絆《きずな》を結ぶ』ということだよ……」

「絆を結ぶ？」

「そうとも」とキツネ。「きみはまだ、ぼくにとっては、ほかの十万の男の子となにも変わらない男の子だ。だからぼくは、べつにきみがいなくてもいい。きみも、べつにぼくがいなくてもいい。きみにとってもぼくは、ほかの十万のキツネとなんの変わりもない。でも、もしきみがぼくをなつかせたら、ぼくらは互《たが》いに、なくてはならない存在《そんざい》になる。きみはぼくにとって、世界でひとりだけの人になる。ぼくもきみにとって、世界で一匹《ぴき》だけのキツネになる……」

「ちょっとわかってきた……」王子さまが言った。「花がいてね……花はぼくをなつかせてたんだな……」

「そういうのもあるかもしれない」とキツネ。「地球の上じゃあ、なんだってあるんだから

……」

「ああ！　地球じゃないんだけど」王子さまは言った。

キツネはとても不思議《ふしぎ》そうな顔をした。

「ほかの星の話？」

「うん」

「その星に、猟師《りょうし》はいる？」

「ううん」

「へえ！　じゃあニワトリは？」

「いない」

「完ぺきな世界って、やっぱりないんだな」キツネはため息をついた。

だがまた自分の話を続けた。

「ぼくの暮《くら》しは単調だ。ぼくがニワトリを追いかけ、そのぼくを人間が追い

かける。ニワトリはどれもみんな同じようだし、人間もみんな同じようだ。だからぼくは、ちょっとうんざりしてる。でも、もしきみがぼくをなつかせてくれたら、ぼくの暮しは急に陽《ひ》が差したようになる。ぼくは、ほかの誰《だれ》ともちがうきみの足音が、わかるようになる。ほかの足音なら、ぼくは地面にもぐってかくれる。でもきみの足音は、音楽みたいに、ぼくを巣《す》の外へいざなうんだ。それに、ほら！ むこうに麦畑が見えるだろう？ ぼくはパンを食べない。だから小麦にはなんの用もない。麦畑を見ても、心に浮《う》かぶものもない。それはさびしいことだ！ でもきみは、金色の髪《かみ》をしている。そのきみがぼくをなつかせてくれたら、すてきだろうなあ！ 金色に輝《かがや》く小麦を見ただけで、ぼくはきみを思い出すようになる。麦畑をわたっていく風の音まで、好《す》きになる……」

キツネはふと黙《だま》ると、王子さまを長いあいだ見つめた。

「おねがい……なつかせて！」

「ぼくもそうしたいけど」王子さまは答えた。「あんまり時間がないんだ。

友だちを見つけなきゃいけないし、知らなきゃいけないこともたくさんある」

「なつかせたもの、絆を結んだものしか、ほんとうに知ることはできないよ」キツネが言った。「人間たちはもう時間がなくなりすぎて、ほんとうには、なにも知ることができないでいる。なにもかもできあがった品《しな》を、店で買う。でも友だちを売ってる店なんてないから、人間たちにはもう友だちがいない。きみも友だちがほしいなら、ぼくをなつかせて！」

「どうすればいいの？」王子さまは聞いた。

「がまん強くなることだ」キツネが答えた。「はじめは、ぼくからちょっとだけ離《はな》れて、こんなふうに、草のなかにすわるんだ。ぼくは横目でちらっときみを見るだけだし、きみもなにも言わない。ことばは誤解《ごかい》のもとだから。でも、日ごとにきみは、少しずつ近くにすわるようにして……」

次の日、王子さまは、またやってきた。

「同じ時間のほうが、よかったんだけど」キツネが言った。「たとえば、き

「たとえば、きみが夕方の四時に来るなら、
ぼくは三時からうれしくなってくる。」

みが夕方の四時に来るなら、ぼくは三時からうれしくなってくる。そこから時間が進めば進むほど、どんどんうれしくなってくる。そうしてとうとう四時になると、もう、そわそわしたり、どきどきしたり。こうして、幸福《こうふく》の味を知るんだよ！　でも、きみが来るのが行きあたりばったりだと、何時に心の準備《じゅんび》を始めればいいのか、ちっともわからない……ならわしって、大事なんだ」

「ならわしって、なに？」王子さまが聞いた。

「これも、ずいぶん忘れられてしまっている」キツネが答えた。「ある一日を、ほかの毎日とはちがうものにすること、あるひとときを、ほかの時間とはちがうものにすること。たとえば、ここの猟師たちにはならわしがある。毎週木曜日には、村の娘《むすめ》たちと踊《おど》るんだ。だから、木曜日は天国さ！　ぼくはブドウ畑まで、のんびり散歩《さんぽ》にでかけられる。でももし猟師たちが、行きあたりばったりにしか踊らなかったら、毎日がみんな同じようになって、ぼくは少しも休日《ヴァカンス》が取れなくなっちゃうよ」

こうして小さな王子さまは、キツネをなつかせた。だが、出発のときが迫《せま》っていた。

「ああ！」キツネが言った。「……ぼく、泣《な》きそうだ」

「きみのせいでしょ」王子さまは言った。「ぼくはきみに、いやな思いなんか少しもさせたくなかった。でもきみが、なつかせてって言ったから……」

「そりゃそうだよ」キツネは言った。

「でも、泣くんでしょ！」

「そりゃそうだよ」

「じゃあ、いいことなんてなかったじゃない！」

「あったよ」とキツネ。「麦畑の色だ」

そしてこう言った。

「もう一度、バラたちに会いに行ってごらん。きみのバラが、この世に一輪《いちりん》だけだってことがわかるから。それからぼくに、さよならを言いにきて。そうしたらきみへの贈《おく》り物《もの》に、秘密《ひみつ》をひとつ、教えてあげよう」

小さな王子さまは、もう一度バラたちに会いに行った。

「あれ、きみたちは、ぼくのバラにはぜんぜん似てないや。きみたちはまだ、いてもいなくても、おんなじだ」王子さまはバラたちに言った。「誰も、きみたちをなつかせたことはなかったし、きみたちも、誰もなつかせたことがないんだ。はじめて会ったときの、キツネみたいだ。最初はほかの十万のキツネと同じ、ただのキツネだったもの。でも、それからぼくたちは友だちになって、今ではこの世で一匹だけの、かけがえのないキツネなんだ」

バラたちは、きまり悪そうだった。

「きみたちは美しい。でも外見《がいけん》だけで、中身《なかみ》はからっぽだね」王子さまは、さらに言った。「きみたちのためには死ねない。もちろんぼくのバラだって、通りすがりの人が見れば、きみたちと同じだと思うだろう。でもあのバラだけ、彼女《かのじょ》だけが、きみたちぜんぶよりもたいせつだ。ぼくが水をやったのは、あのバラだもの。ガラスのおおいをかけてやったのも、あのバラだもの。ついたてで守《まも》ってやったのも、毛虫を（蝶々《ちょうちょう》になるのを待つために二、三匹残した以外《いがい》）やっつけてやったのも。文句《もんく》を言ったり自慢《じまん》したり、ときどきは黙りこんだりするのにまで、耳をかたむけてやったのも。だって彼女は、ぼくのバラだもの」

それから王子さまは、キツネのところに戻《もど》った。

「さようなら」王子さまは言った……

「さようなら」キツネが言った。「じゃあ秘密を教えるよ。とてもかんたんなことだ。ものごとはね、心で見なくてはよく見えない。いちばんたいせつなことは、目に見えない」

「いちばんたいせつなことは、目に見えない」忘《わす》れないでいるために、王子さまはくり返した。

「きみのバラをかけがえのないものにしたのは、きみが、バラのために費《つい》やした時間だったんだ」

「ぼくが、バラのために費やした時間……」忘れないでいるために、王子さまはくり返した。

「人間たちは、こういう真理《しんり》を忘れてしまった」キツネは言った。「でも、きみは忘れちゃいけない。きみは、なつかせたもの、絆を結んだものには、永遠に責任を持つんだ。きみは、きみのバラに、責任がある……」

「ぼくは、ぼくのバラに、責任がある……」忘れないでいるために、王子さまはくり返した。

22

「こんにちは」小さな王子さまが言った。

「こんにちは」線路のポイントを切りかえる鉄道員が言った。

「ここでなにをしてるの？」王子さまが聞いた。

「列車《れっしゃ》に乗ってる人たちを、千人ずつまとめて仕分《しわ》けしてるのさ」鉄道員が言った。「その人たちを運んでいく列車を、右に、左に、送り出すんだ」

そのとき明かりをつけた特急列車が、雷《かみなり》のような音をとどろかせながら、鉄道員の小屋を震《ふる》わせていった。

「ずいぶん急いでるんだね」王子さまは言った。「みんな、なにをさがしてるの？」

「運転士も知らないね」

すると今度は反対方向に、また明かりをつけた特急が一台、轟音《ごうおん》をたてて走り去《さ》った。

「もう帰ってきたの？」王子さまは聞いた……

「同じ列車じゃないんだ」鉄道員が答えた。「すれちがったんだよ」

「みんな、自分のいたところに満足できなかったの？」

「人は、自分のいるところにけっして満足できない」鉄道員が言った。

明かりをつけた三台目の特急が、轟音をたてて行った。

「最初に行った人たちを、追いかけてるの？」王子さまは聞いた。

「なにも追いかけたりはしていない」と鉄道員。「あのなかでは寝《ね》てるんだ。さもなきゃ、あくびをしている。子どもたちだけが、窓ガラスに顔を押しつけてるんだよ」

「子どもたちだけが、なにをさがしているのか、わかってるんだね」と王子さま。「子どもたちは、ぼろきれのお人形に時間を費やす。だからそのお人形はとっても大事なものになる。それで、とりあげられると泣《な》くんだね……」

「幸《しあわ》せ者《もの》だな、子どもたちは」鉄道員が言った。

23

「こんにちは」小さな王子さまが言った。

「こんにちは」物売りが言った。

物売りは、のどの渇《かわ》きをいやすのに、とてもよく効《き》く薬を売っていた。一週間にひと粒《つぶ》飲めば、もうなにも飲みたいとは思わなくなる。

「どうしてそんなものを売ってるの？」王子さまは聞いた。

「すばらしく時間が節約《せつやく》できるようになるからだ」物売りが答えた。「専門家《せんもんか》が計算したところ、一週間に五十三分の節約ができる」

「それでその五十三分をどうするの？」

「好きなことに使うのさ……」

〈ぼくなら〉と王子さまは思った。〈もし五十三分あったら、そっと、ゆっくり泉《いずみ》にむかって歩いていくよ……〉

24

物売りの話を聞いたのは、僕《ぼく》の飛行機が砂《さ》漠《ばく》に不《ふ》時着《じちゃく》して、ちょうど一週間目のことだった。そしてまさに、僕は持っていた水の最後の一滴《いってき》を飲みほしていたのだ。

「ああ！」僕は小さな王子さまに言った。「どれもおもしろかったよ、きみの話は。でも、まだ飛行機の修理《しゅうり》が終わっていないし、もう飲むものもないから、もし僕も泉にむかってそっとゆっくり歩いていけたら、うれしいのになあ！」

「友だちになったキツネはね」王子さまは言った……

「あのねえ、きみ、もうキツネどころじゃないんだ！」

「どうして？」

「もうじき僕は、のどが渇いて死んでしまうんだから……」

王子さまは、僕の言っていることがわからないのか、こう答えた。

「たとえもうじき死ぬとしても、友だちがいたというのは、すてきなことだね。ぼくはキツネと友だちになれたことが、すごくうれしい……」

〈どれぐらい危険なことになってるのか、わからないんだな〉僕は思った。〈きっと腹《はら》もへらなければ、のども渇かないんだ。陽《ひ》の光が少しあれば、それでたりるんだろう……〉

王子さまは、僕をじっと見つめた。そして僕の思ったことが聞こえたみたいに、答えた。

「ぼくだって、のどが渇いたよ……井戸《いど》をさがそうよ……」

僕は、やれやれという身ぶりをした。はてしない砂漠のまんなかで、あてもない井戸をさがすなんて、ばかげていると思ったからだ。それでも僕らは、歩きだした。

何時間も、なにも言わずに歩くうちに、やがてあたりは夜になり、星々《ほしぼし》がきらめきだした。僕はそれを、夢《ゆめ》のなかのことのようにながめた。のどの渇きで、少し熱が出てきていたのだ。王子さまのいろんなことばが、頭のなかで踊《おど》っていた。

「じゃあきみも、ほんとにのどが渇いてるの？」僕はたずねた。

だが王子さまは、答えなかった。そしてただこう言った。

「水は、心にもいいのかもしれないね……」

僕は意味がわからなかったが、口をつぐんだ……王子さまにあれこれ聞いてはいけないことが、よくわかっていたからだ。

王子さまは、疲《つか》れていた。すわりこんだ。そこで僕も、そばにすわった。しばらくしんとしたあとで、王子さまがまた言った。

「星々が美しいのは、ここからは見えない花が、どこかで一輪《いちりん》咲《さ》いてるからだね……」

僕は「ああ、そうだ」と答えると、あとはもうなにも言わずに、月に照《て》らされたやわらかな砂の起伏《きふく》を見つめた。

「砂漠って、美しいね」王子さまが、ぽつりと言いたした……

そしてそれは、ほんとうだった。僕はずっと、砂漠が好きだった。なだらかな砂の丘《おか》にすわれば、あたり一面、なにも見えない。なにも聞こえない。それでもその静寂《せいじゃく》のなかで、なにかがひっそり光っている……

「砂漠が美しいのは」王子さまが言った。「どこかに井戸を、ひとつかくしているからだね……」

このとき不意に、僕はなぜ砂漠が不思議《ふしぎ》な光を放《はな》つのかわかって、息をのんだ。僕は子どものころ、古い時代に建《た》てられた家に住んでいたのだが、その家にはどこかに宝物《たからもの》がうめられているという言いつたえがあった。もちろん、それを見つけた人は誰《だれ》もいなかったし、もしかしたら、さがすことさえなかったかもしれない。でもそれが、家全体に不思議な魔法《まほう》をかけていた。僕の家は、その見えない中心部の奥《おく》に、秘密をひとつかくしていたわけだ……

「そうだね」僕は王子さまに言った。「家や、星や、砂漠を美しくしているものは、目には見えないね！」

「うれしい」王子さまが言った。「きみが、ぼくのキツネと同じ考えで」

それから王子さまは眠《ねむ》ってしまったので、僕はそっと抱《だ》きあげて、また歩きだした。僕は胸《むね》がいっぱいだった。自分が、壊《こわ》れやすい宝物を抱いている気がした。地球の上に、これ以上壊れやすい宝物はないような気さえした。月の光のなかで、僕はその白い額《ひたい》を、閉じた目を、風に震《ふる》える髪《かみ》の房《ふさ》を、見つめた。そして思った。〈こうして今見ているものも、表面の部分でしかないんだ。いちばん大事なものは、目には見えない……〉

わずかに開いた王子さまのくちびるは、ほほえんでいるかのようだ。〈眠っている小さな王子さまを見て、こんなに胸がいっぱいになるのは、王子さまに、一輪の花への誠実《せいじつ》さがあるからだ。王子さまのなかで、眠っていてもなおランプの炎《ほのお》のように光を放っているのは、そのバラの花の面影《おもかげ》なんだ……〉そう思うと、王子さまはいっそう壊れやすく感じられた。ランプの炎は、しっかり守《まも》らなくては。さっと風が吹《ふ》いてきただけで、消えてしまうかもしれないから……

そうして僕は歩きつづけ、夜明けに、井戸を見つけたのだ。

25

「人間たちって」小さな王子さまが言った。「特急列車に乗ってるのに、なにをさがしてるのかもうわからないんだね。だからせかせか動いたり、同じところをぐるぐるまわったり……」

そしてつぶやいた。

「そんなこと、しなくていいのにね……」

僕たちがたどり着いた井戸は、サハラ砂漠でふつうに見かける井戸とはちがっていた。砂漠の井戸は、砂を掘《ほ》っただけのただの穴《あな》だ。ところが見つけた井戸は、村にでもある井戸のようだった。とはいえあたりには、村など影《かげ》も形もない。夢を見ているのかもしれない、と僕は思った。

王子さまは笑うと、綱をつかみ、滑車を動かした。

「不思議だね」僕は王子さまに言った。「ぜんぶそろってる。滑車《かっしゃ》も、桶《おけ》も、綱《つな》も……」

王子さまは笑うと、綱をつかみ、滑車を動かした。

滑車は、ひさしぶりの風を受けた古い風見鶏《かざみどり》のように、ぎこちなくきしんだ。

「ほら」王子さまが言った。「井戸が目をさまして、歌ってるよ……」

僕は王子さまに、無理《むり》をさせたくなかった。

「僕がやるから。きみには重すぎる」

ゆっくりと、僕は桶を井戸の縁《ふち》まで引きあげた。そしてそこにしっかり置《お》いた。耳の奥では、滑車の歌がまだ続いており、揺《ゆ》れる桶の水には、太陽が映《うつ》ってきらめいている。

「この水が飲みたかったんだ」小さな王子さまは言った。「ぼくにちょうだい……」

そうか、きみは、これをさがしていたんだね!

僕は桶を、王子さまの口もとまで持っていった。王子さまは、目をつぶって飲んだ。それは、まるで祝祭《しゅくさい》の喜びのように、心にしみる水だった。からだが必要とするのとは、またまったくべつの水だった。星空の下を歩き、滑車の歌を聞き、僕が力仕事をして得《え》た水だ。だからこそ、それは贈《おく》り物《もの》にも似た、心にいい水なのだ。子どものころの、クリスマスがよみがえってくる。ツリーを飾《かざ》るたくさんのロウソクの光、真夜中《まよなか》のミサの音楽、みんなの笑顔《えがお》のやさしさ、それらすべてが、僕の受けとる贈り物を、光り輝《かがや》かせていたではないか。

「地球の人たちって」と王子さまが言った。「ひとつの庭園《ていえん》に、五千もバラを植えてるよ……それなのに、さがしているものを見つけられない……」

「見つけられないね」僕は答えた……

「だけどそれは、たった一輪のバラや、ほんの少しの水のなかに、あるのかもしれないよね……」

「ほんとうだね」僕は答えた。

王子さまは言いたした。

「でも目では見えないんだ。心でさがさなくちゃ」

僕《ぼく》は水を飲んだ。ようやく息《いき》がらくになった。夜明けを迎えると、砂は蜜《みつ》の色に染まる。その色もまた、僕を満《み》ちたりた気持ちにしてくれた。どうしてあんなにあれこれ苦労する必要があっただろう……

「約束《やくそく》は守ってね」小さな王子さまが、静かに言った。また僕のそばに来て、すわっている。

「なんの約束？」

「ほら……口輪《くちわ》だよ、ぼくのヒツジの……ぼくはあの花に、責任があるんだ！」

僕はポケットから、絵の下書きをいろいろ取りだした。王子さまはのぞきこむと、愉快《ゆかい》そうに笑《わら》った。

「そのバオバブ、ちょっとキャベツみたい……」

「え！」

バオバブの絵には、あんなに自信《じしん》があったのに！

「そのキツネは……その耳……なんだか角《つの》みたいだよ……それに長すぎる！」

そうしてまた、けらけら笑った。

「いやあ、きびしすぎるよ。だって僕は、なかが見えないボアと見えるボアしか描《か》けないんだから」

「うん、それで平気！　子どもたちにはわかるもの」

そこで僕は、口輪をえんぴつで描いた。そしてそれを王子さまにあげると、なんだか胸がしめつけられるような気持ちになった。

「なにか考えてることがあるんだね。僕の知らない……」

だが王子さまは、答えなかった。かわりにこんなことを言った。

「ぼくが地球に落ちてきたこと、話したでしょ……あしたがちょうど、その一年目の日なんだ……」

そしてしばらく口をつぐむと、また言った。

「このすぐ近くに、落ちてきたんだよ……」

王子さまは、顔を赤らめた。

またしても、僕はわけもわからないまま、奇妙《きみょう》な胸の痛《いた》みを感じた。その一方で、聞きたいことがわきあがってきた。

「それじゃあ偶然《ぐうぜん》じゃなかったんだね、一週間前、僕がきみと知り合った朝、きみがあんなふうに、たったひとりで、人の住む地から千マイルものかなたへ、ふらりとやってきたのは！ 落ちた地点に戻《もど》るところだったんだね？」

王子さまは、また赤くなった。

ためらいながらも、僕はもうひとこと言った。

「それは、落ちてきた記念日にむけてのことだったんだね？……」

王子さまの頬《ほお》は、またも赤くなった。聞いたことにはひとつも答えてくれなかったが、赤くなるというのは「うん」ということだ。そうだろう？

「ああ！」僕は王子さまに言った。「なんだかこわいな……」

けれど王子さまは、こう答えただけだった。

「きみはまた仕事をしなくちゃ。あの機械《きかい》のところに戻らなくちゃね。ぼくはここで待ってるよ。あしたの夕方、また来てね……」

僕の不安は、消えなかった。キツネのことを思い出していた。誰《だれ》かと絆《きずな》が結ばれると、少し泣《な》きたくなってしまうこともある……

26

井戸《いど》のかたわらには、くずれかけた古い石の壁《かべ》があった。翌日《よくじつ》の夕方、僕が飛行機の修理《しゅうり》から戻ってくると、その石の壁の上に小さな王子さまがすわっているのが、遠くから見えた。王子さまは足をぶらぶらさせている。こんなことを言っているのも聞こえた。

「じゃあ覚《おぼ》えてないの？　正確にはここじゃないんだ！」

相手《あいて》が答えたのか、王子さまは言いかえしている。

「ちがうちがう！　日にちは合ってるんだ、でも場所がここじゃない……」

僕は壁のほうへ向かっていった。あいかわらず誰の姿《すがた》も見えなければ、声も聞こえない。けれど王子さまは、また言っていた。

「……そういうこと。ぼくの足あとがどこから始まってるのか、砂の上を見ればわかるでしょ。そこで待っててくれればいいんだってば。今夜行くから」

壁まではあと二十メートルほどだ。それでも僕にはなにも見えない。

少し黙《だま》っていたあとで、王子さまはまた言った。

「きみのはいい毒《どく》なんだね？　ぼくを長く苦しませたりしないね？」

僕は思わず足を止めた。胸がしめつけられた。それでもなにもわからなかった。

「じゃあ、もう行って」王子さまが言った……「ぼく、おりたいから！」

そこで僕も、壁の足もとのほうへ目をやって、跳《と》びあがった！　三十秒《びょう》で人の命を奪《うば》えるあの黄色いヘビの一匹が、王子さまにむかって鎌首《かまくび》をもたげ

「じゃあ、もう行って。……ぼく、おりたいから！」

ていたのだ。僕は拳銃《けんじゅう》を出そうと、必死でポケットをさぐりながら走りだしたが、その音でヘビは、ちょうど噴水《ふんすい》が終わるときのように、すうっと砂のなかにもぐりこんでしまった。そうして急ぐでもなく、金属《きんぞく》を思わせるかすかな音をたてながら、石のあいだにまぎれこんだ。

僕は壁に駆《か》けよった。いとおしい王子さまを抱《だ》きとめるのに、ぎりぎり間《ま》に合った。王子さまは、雪のように蒼白《そうはく》になっていた。

「どういうことなんだ、これは！　ヘビとしゃべっていただろ！」

僕は、王子さまがいつも首に巻《ま》いている金色のスカーフを、ほどいてやった。そしてこめかみのあたりを湿《しめ》らせ、水を飲ませた。するともう、なにも問いただせなくなってしまった。王子さまは、真剣《しんけん》なまなざしで僕を見つめると、両腕《りょううで》で僕の首に抱きついた。王子さまの胸の鼓動《こどう》が伝わってきた。猟《りょう》銃《じゅう》で撃《う》たれて息絶《いきた》えようとしている、鳥の鼓動のようだった。王子さまが言った。

「機械の壊《こわ》れてたところがわかって、うれしいよ。これできみは、家に帰れるね……」

「どうして知ってるの！」

まさに僕は、意外にも修理がうまくいったことを王子さまに知らせようと、やってきたのだ！

王子さまは僕の質問には答えなかったが、かわりにこう言った。

「ぼくも、きょう、家に帰るんだ……」

それから悲しそうに、こうつぶやいた。

「でも、もっとずっと遠い……ずっとむずかしい……」

僕は、なにかとんでもないことが起きようとしているのを感じた。王子さまを、幼子《おさなご》でも抱くようにぎゅっと抱きしめていたが、それでも彼が、底なしの深みにまっすぐ沈《しず》んでいくのを、どうすることもできないでいるような気がしてならなかった……

王子さまのひたむきなまなざしは、はるかなところをさまよっている。

「ぼくには、きみがくれたヒツジがいる。ヒツジの木箱もある。口輪もある

「……」

そうしてさびしそうに、ほほえんだ。

長いあいだ、僕《ぼく》はそうやっていた。王子さまのからだに、ほんの少しずつぬくもりが戻ってくるのが、伝わってきた。

「こわかっただろう……」

こわかったに決まっている！　だが王子さまは、そっと笑った。

「今夜はもっとこわいかな……」

またも、なにか取りかえしのつかない感情にとらわれて、僕は全身が凍《こお》る気がした。そうしてわかった。王子さまのこの笑い声が、もう二度と聞けなくなるのかと思うと、とても耐《た》えられないのだ、と。僕にとってそれは、砂《さ》漠《ばく》のなかの泉《いずみ》だったのだ。

「ねえ、きみが笑うのを、また聞きたい……」

王子さまは、ただこう言った。

「今夜でちょうど一年なんだ。去年、ぼくが落ちてきた場所の真上《まうえ》に、ぼくの星が来る……」

「ねえ、みんな悪い夢《ゆめ》なんじゃないかな、ヘビも、待ち合わせも、星のことも……」

でも王子さまは、僕のことばに答えなかった。

「たいせつなことは、目では見えない……」

「そうだね……」

「花のことと似てるな。どこかの星に咲《さ》いてる一輪《いちりん》の花を愛していたら、夜空を見あげるのは、心のなごむことだよ。星という星ぜんぶに、花が咲いてるように見える」

「そうだね……」

「水のこととも似てる。きみがぼくに飲ませてくれた水は、音楽みたいだった。滑車《かっしゃ》が歌って、綱《つな》がきしんで……ほら、思い出すでしょ……心にもおいしい水だった」

「そうだね……」

「夜になったら星を見てね。ぼくの星は小さすぎて、どこにあるのか教えられないけど。でもそのほうがいいんだ。ぼくの星は、夜空いっぱいの星のなかの、どれかひとつになるものね。そうしたらきみは、夜空ぜんぶの星を見るのが好《す》きになるでしょ……ぜんぶの星が、きみの友だちになるでしょ。今からきみに、贈《おく》り物《もの》をあげるね……」

そして王子さまは、笑《わら》った。

「ああ！　きみの笑い声を聞くの、大好きだ！」

「そう、これがぼくの贈り物だよ……あの水のお礼だよ……」

「どういうこと？」

「人はみんな、その人なりの星を持ってる。旅をする人たちなら、星は案内《あんない》役《やく》だ。そうでない人たちなら、ただのちっちゃな光。学者たちにとっては研究するものだし、ぼくが会った実業家《じつぎょうか》にとっては、金《きん》でできているものだった。でもどの星も、口をつぐんでる。だからきみには、誰も持ってないような星をあげるよ……」

「どういうこと？」

「きみが星空を見あげると、そのどれかひとつにぼくが住んでるから、そのどれかひとつでぼくが笑ってるから、きみには星という星が、ぜんぶ笑ってるみたいになるっていうこと。きみには、笑う星々をあげるんだ！」

王子さまは、楽しそうに笑った。

「そのうち悲しい気持ちがやわらいだら（悲しい気持ちは必ずやわらぐよ）、ぼくと知り合ってよかったって思うよ。きみはずっとぼくの友だちだもの。これからもぼくと一緒《いっしょ》に笑いたくなるよ。だからときどき窓《まど》を開けて、そんなふうに気晴《きば》らししてね……きみが夜空をながめて笑ってるのを見たら、みんな驚《おどろ》くだろうね。そしたらこう言ってやるんだ。『そうなんだよ、星空には、いつも笑わされちゃってさ！』って。みんな、きみの頭がおかしくなったって思うかな。ぼくがきみに、いたずらしてるみたいになるね……」

そして王子さまは、また笑った。

「そうしたら、星々のかわりに、小さな鈴《すず》を山ほどあげたみたいになるね。

笑う鈴だよ……」

王子さまは、また笑った。それから真顔《まがお》に戻った。

「今夜は……ね……来ないでね」

「きみのそばを離《はな》れない」

「ぼく、苦しそうになるよ……ちょっと死んじゃうみたいになるよ。そんなだもの。そんなの見に来ないで、見に来ることないよ……」

「きみのそばを離れない」

王子さまは心配そうだった。

「だって……ヘビのこともあるし。きみが嚙《か》まれたらいけないもの……ヘビっていじわるだから。おもしろ半分に嚙むかもしれないでしょ……」

「きみのそばを離れない」

ふと王子さまは、安心した様子《ようす》になった。

「そうだ、嚙むのが二度目だと、もう毒《どく》はないんだっけ……」

その夜《よ》、王子さまがでかけたことに、僕《ぼく》は最初《さいしょ》気がつかなかった。王子さまはひっそりと、音もたてずにいなくなった。ようやく僕が追いついたときも、早足で、きっぱり心を決めたように歩いていた。僕を見ても、ただこう言っただけだった。

「ああ！　きみ……」

でも王子さまは、僕の手を握《にぎ》った。僕のことをまだ心配していた。

「やっぱりだめだよ。つらい思いをするよ。ぼく、死んだみたいになるから。でも、それはほんとじゃないんだ……」

僕は黙《だま》っていた。

「ね。遠すぎるんだ。このからだを運んでいけないもの。重すぎるもの」

僕は黙っていた。

「でもそんなの、古い抜《ぬ》けがらみたいなもんだよ。古い抜けがらなんて、なんにも悲しくないでしょ……」

僕は黙っていた。

王子さまは、ちょっと顔をくもらせた。けれどまた気を取りなおした。

「ありがとうね。ぼくも星空を見るよ。すると星という星がぜんぶ、錆《さ》びた滑車のついた井戸《いど》になるんだ。星という星がぜんぶ、ぼくに水を飲ませてくれるんだ……」

僕は、黙っていた。

「とっても楽しそうだ！　きみには五億《おく》もの鈴ができて、ぼくには五億もの泉《いずみ》ができて……」

そして王子さまも、黙った。泣いていたから……

「ここだよ。あとはひとりで行かせて」

だが王子さまはすわりこんだ。こわかったのだ。なおも王子さまはしゃべりつづけた。

「ね……ぼくの花……ぼくはあの花に責任があるんだ！　それにあの花、ほんとうに弱《よわ》いんだもの！　ものも知らないし。世界から身を守《まも》るのに、なん

王子さまはすわりこんだ。こわかったのだ。

の役にも立たない四つのトゲしか持ってないし……」

僕もすわりこんだ。もう立っていられなかったのだ。王子さまが言った。

「うん……そういうこと……」

でもまだ、少しためらっていた。それから立ちあがった。一歩踏《ふ》みだした。けれど僕は、動くことができなかった。

王子さまの足首のあたりに、ぴかっと黄色い光が走った。ただそれだけだった。一瞬《いっしゅん》、王子さまは動かなくなった。声もあげなかった。やがてゆっくりと、木が倒《たお》れるように、くずおれた。それでも物音ひとつしなかった。砂《さ》漠《ばく》の砂のせいで。

やがてゆっくりと、木が倒れるように、くずおれた。

27

　そうして、そう、もう六年もたったというわけだ……今まで僕は、誰《だれ》にもこの話をしなかった。僕が生きて帰って、迎えてくれた仲間たちはみんな喜んでくれた。僕は悲しいままだったが、みんなにはこう言った。「いや、疲《つか》れているだけさ……」

　今では少し、悲しみはやわらいだ。つまり……消えたわけではないということだ。でも僕は、王子さまが自分の星に帰っていったことを、ちゃんと知っている。あのあくる朝、夜《よ》が明けてみると、王子さまのからだはどこにもなかったのだから。あまり重いからだではなかったし……そうして僕は、夜、星々の笑い声に耳をすますのが、好《す》きになった。ほんとうに、五億もの鈴《すず》が鳴り響《ひび》いているようだ……

　ところが、とんでもないことに気がついた。王子さまに描《か》いた口輪《くちわ》に、革《かわ》ひもをつけるのを忘《わす》れていたのだ！　あれではヒツジに口輪をはめられなかっただろう。僕《ぼく》は思い悩《なや》む。〈王子さまの星はどうなっただろう？　もしかしたらあのヒツジが、花を食べちゃったかもしれないぞ……〉

あるときは、続けてこう思う。〈そんなことないさ！　王子さまは毎晩《まいばん》ガラスのおおいで花を守ってやるんだし、ヒツジのこともしっかり見はっているだろう……〉すると僕はうれしくなる。星という星がぜんぶ、やさしく笑う。

けれどあるときは、こうも思う。〈たった一回、うっかりしたらおしまいだ！　ある晩、王子さまがガラスのおおいを忘れたら。夜中にヒツジがこっそり逃《に》げだしたら……〉すると鈴という鈴がぜんぶ、涙《なみだ》にくれてしまう！

……

ここにこそ、おおいなる神秘《しんぴ》がある。小さな王子さまが大好きなきみたちにとっても、僕にとっても、誰も知らないどこかで、僕らの知らないヒツジが、バラを一輪食べたか食べないかで、世界のなにもかもが、これまでとはすっかり変わってしまうのだから……

空を見あげてみてほしい。そしてこうたずねてみてほしい。〈あのヒツジはあの花を、食べたかな、食べてないかな？〉するとなにもかもが変わって見えるのが、きみたちにもわかるだろう……

でもそれがどんなに大事なことか、おとなには、ぜんぜんわからないだろう！

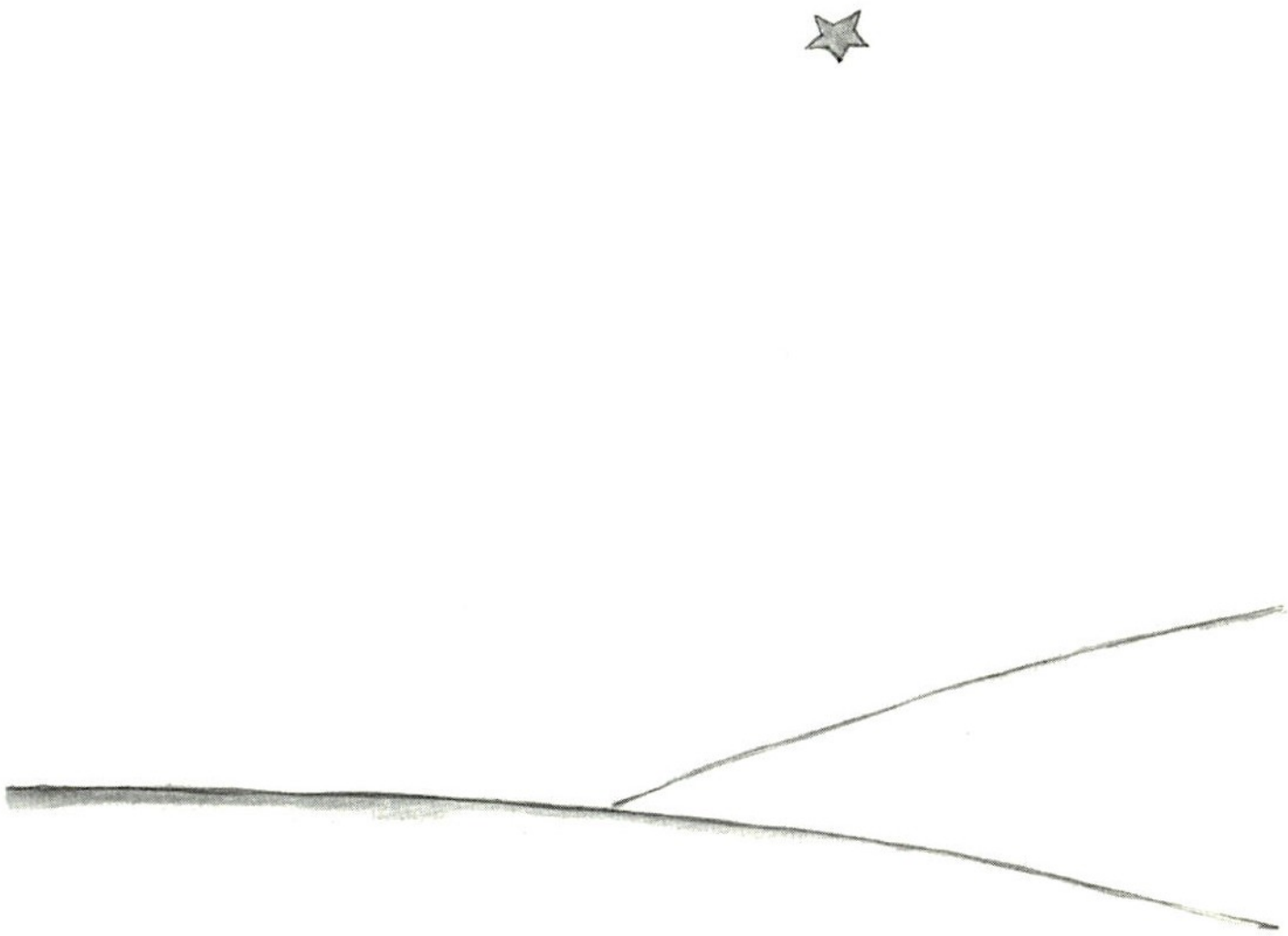

これは僕《ぼく》にとって、この世でいちばん美しく、いちばん悲しい風景だ。前のページのものと同じだが、きみたちによく見てもらいたくて、もう一度描《か》いた。小さな王子さまが地上に姿《すがた》を見せたのも、そして消えたのも、ここだった。

だから、しっかり見ておいてほしい。いつかきみたちが、アフリカの砂漠《さばく》を旅することになったら、必ずここがわかるように。そうしてもしこの近くを通ることがあったら、どうか急がず、この星の真下《ました》で少し待ってみてほしい！　もし子どもがひとり、きみたちのほうへやってきたら、そしてその子が笑《わら》って、金色の髪《かみ》で、なにかたずねてみても答えなかったら、きみたちにはその子が誰《だれ》か、きっとわかる。そのときは、たのんだよ！　悲しみに沈《しず》んでいる僕に、すぐに手紙を書いてほしいのだ。彼《かれ》が帰ってきた、と……

訳者あとがき

——いちばんたいせつなことは、目に見えない。

小さな子どもにもわかるような、なんとやさしくさりげないひとことだろう。けれど本書のなかで出会ったなら、金色に揺《ゆ》れる麦畑や、かぐわしい一輪《いちりん》のバラや、夜空《よぞら》にきらめく五億《おく》もの星々のイメージとともに、くっきりと心に残る。

その他のことばやストーリーも、同様だ。愛らしくシンプルな挿絵《さしえ》にいろどられて、子どもにも読める童話の形をとっているが、人と、人が生きていくことについての豊かな示唆《しさ》に満ちた内容は、むしろおとなのためのファンタジー、いや、すべての人への、ひとつの詩のようなものではないだろうか。大事に心にとどめ、美しい部分は口に出したり暗唱《あんしょう》したりし、人生の折々にページを開いて、そのたびに新しい発見と、生きていくうえでの新しい力を得ることができるような。

作者アントワーヌ・ド・サン＝テグジュペリは、作家としてだけでなく、飛行家としても活躍《かつやく》した人だ。飛行服姿にゴーグルをつけた彼の肖像《しょうぞう》を見たことがある人も、多いことだろう。飛びはじめたばかりの時代の飛行機に敢然《かんぜん》と乗り、命をかけて郵便を運ぶ路線パイロットとなって、そのときの経験から『南方郵便機』『夜間飛行』『人間の土地』『戦う操縦士《そうじゅうし》』そして『星の王子さま』といった作品を、次々世に出した。中でも、第二次大戦の暗雲におおわれていたころ、亡命先のアメリカで発表した『戦う操縦士』は、「ヒトラーの『わが闘争《とうそう》』に対するデモクラシー側からの最良の回答」と高く評価されたという。

——ぼくら人間について、大地が、万巻《ばんかん》の書より多くを教える。（堀口大学訳）

『人間の土地』の冒頭《ぼうとう》だ。パイロットとして大自然と対峙《たいじ》し、はるか大空の高みから、きびしい大地と、そこに奇跡《きせき》のように現れる人間のはかなげな営みを見つめつづけたサン＝テグジュペリは、同時に自分自身の魂《たましい》を鍛《きた》え、心の目を開いていったのだろう。

——努めなければならないのは、自分を完成することだ。試みなければならないのは、山野のあいだに、ぽつりぽつりと光っているあのともしびたちと、心を通じあうことだ。

（同）

当時は、コミュニズムやファシズムといったイデオロギーが世界に広がっており、祖国フランスのなかでも、ペタン派とド・ゴール派の争いがあった。だがそのどれにもくみしなかった彼は、もっと大きな「人類」としての連帯ということを、つねに考えていたのだろうと言われている。

——なぜ憎《にく》みあうのか？　ぼくらは同じ地球によって運ばれる連帯責任者だ、同じ船の乗組員だ。（同）

二十一世紀の今も、輝《かがや》きをはなちつづけることばである。こうして彼は、行動主義文学の作家と呼ばれ、フランスの英雄のひとりとして、パリのパンテオンにプレートが掲《かか》げられるようになった。また通貨がユーロに統一される前は、五〇フラン紙幣《しへい》の顔にもなっていた。星の王子さまのカラフルなイラストとともに。

そう、『星の王子さま』は、このように自ら行動し、思索《しさく》した作家から生まれたのだ。そうして、数ある彼の作品のなかでも、最も読まれ、愛されつづけている。一九四三年に出版されて以来、半世紀以上にわたって、世界じゅうで百五十とも百六十とも言われる数の言語に訳され、その売り上げは四千万部から五千万部にも達し、聖書の次によく読まれていると言われる世紀の大ベストセラーだ。

もっとも、この作品に漂《ただよ》う詩情は、『人間の土地』などに見られるヒロイックな世界の趣《おもむ》きとは、少しちがっている。サン＝テグジュペリには、克己心《こっきしん》や使命感からわき上がるような「行動する人」としての面のほかに、感受性が強く鋭《するど》く、その分やすらぎや愛を求めてやまない「夢想する人」の面もあったという。『星の王子さま』は、こちらが前面に出ている作品と言えるだろう。そして「行動する人」が、路線パイロットという職業で鍛えられていったなら、「夢想する人」は、実は失意や挫《ざ》折《せつ》も多く味わったその人生行路において、豊かになっていったのではないだろうか。

サン＝テグジュペリが生まれたのは、一九〇〇年六月二十九日。リヨンで、フランスの由緒《ゆいしょ》正しい貴族の長男としてだ。五人きょうだいの三番目で、緑豊かなすばらしい城館が住まいだった。本書に、「秘密をひとつかくしていた」古い時代に建《た》てられた家の話が出てくるが、まさにそういう家だったのだろうし、クリスマスの光り輝く思い出も、彼自身のたいせつな思い出なのだろう。大好きだった母親は、美しくて文学や音楽の教養があり、絵画については自作が買い上げられたこともあるほどだった。金髪《きんぱつ》のアントワーヌは「太陽王」と呼ばれて、かわいがられたという。金色の髪《かみ》をした王子さまは、きっと彼の分身なのだ。

もっとも、三歳《さい》のときに父親が亡《な》くなり、十六歳のときには、二歳年下の弟フランソワも、心臓リューマチで息を引き取った。フランソワは子どもながら、けなげな亡くなり方をしたそうだ。死の床《とこ》でも「こわくない、苦しくなんかない」と言いつづけたという。「これは単に発作《ほっさ》を止めることができないだけ、体がやっているだけ」と。思わず、王子さまの最後のことばのいくつかに、重ねあわせてしまう。

学校は、父の母校でもあったイエズス会のノートルダム＝ド＝サント＝クロワ学院などに通ったが、一九一四年、第一次世界大戦が始まり、母が負傷兵の看護で多忙《たぼう》になってからは、寄宿学校をいくつか経験した。寄宿舎での生活は、さびしかったようだ。

十二歳のころには近所の飛行場で、七〇馬力エンジンの単葉機に乗せてもらい、「空の洗礼」を受け、自分でも、小枝の枠組《わくぐ》みにシーツを張ったものを自転車にとりつけて、城館の庭を走りまわったという。だが親族会議で決められたのは、空を飛ぶことではなく、海軍士官になること。海軍兵学校を受験するが、あえなく不合格に。結局パリ美術学校で、聴講生《ちょうこうせい》としてすごした。二十一歳で義務《ぎむ》兵役《へいえき》に服し、ようやく飛行連隊に入るのだが、はじめは飛ぶことができず、雑用の多い地上勤務員。だがここで、彼はがんばった。自分で飛行訓練を始め、民間の飛行免許《めんきょ》を取得して、予備少尉《よびしょうい》に任官されたのだ。

それなのに、兵役終了とともにその道を捨て、タイル製造会社に入って、パリの会社員になる。実は、あこがれた末にようやく婚約した女性、ルイーズ・ド・ヴィルモランの家族から、当時あまりまっとうな職業とみなされていなかった危険な飛行士などでは、だめだと言われたからだ。ところがルイーズとは、その後破談になってしまう。真剣だったアントワーヌに対して、自由奔放《ほんぽう》なルイーズは、「おもしろ半分」に婚約しただけだったと伝えられているが、それでもアントワーヌは、終生彼女の面影《おもかげ》を抱《いだ》いていたとも言われている。そして、彼女がバラの花のモデルのひとりになったのでは、とも。

アントワーヌは、ルイーズの家族の紹介《しょうかい》で入っていたタイル会社を去り、トラック会社に転職するが、今度は地方でトラックを売る営業マンという試練が待っていた。そうして一年半のあいだに、一台しか売れなかったという日々を送る。

転機が訪《おとず》れたのは、二十五歳のときだ。営業マンに見切りをつけた彼は、ようやく本格的に空へ向かっていく。まず、遊覧飛行などをさせる小さな航空会社に入り、正規の商業機操縦《そうじゅう》の資格を得た。そうして、当時、郵便輸送の事業を拡大させていたラテコエール航空会社に採用されて、南仏《なんふつ》トゥールーズからアフリカのカサブランカ、ダカールまでを飛ぶ路線パイロットになったのである。やがてラテコエール社は、南米路線開拓《かいたく》を引き受けたアエロポスタル社に経営を引きつがれ、アントワーヌは翌年、モロッコ南西部のキャップ・ジュビー飛行場長に任命される。

このキャップ・ジュビーというのは、一方を海、三方を砂漠《さばく》にかこまれた、文字どおりの陸の孤島《ことう》だ。しかも周辺の遊牧民モール人は非友好的で、砂漠に不時着《ふじちやく》した飛行士を人質《ひとじち》にしたり、殺害したりすることもあったという。アントワーヌは危険を冒《おか》しながら彼らを救出したり、遊牧民と粘《ねば》り強《づよ》い交渉《こうしよう》をしたりして、みごとに飛行場長としての役目をはたしたようだ。また孤独《こどく》な生活の友として、「ものすごく耳の長いキツネ（フェネック）」を飼っていたとのこと。なるほど、アントワーヌも、キツネとことばをかわし、絆《きずな》を結んでいたのだ。

飛行場長の任務を終えた彼は、今度はアエロポスタル社の現地法人の支配人として、南米ブエノスアイレスに派遣《はけん》される。二十九歳のときだ。ここで、運命の出会いが待っていた。サン＝サルバドル出身で、夫を亡くしたばかりの小柄《こがら》な美女、黒い髪と黒い瞳《ひとみ》のコンスエロに、ほとんどひと目惚《めぼ》れしたのだ。このときは、アントワーヌ側が、母をのぞいて全員反対したそうだが、フランスに帰国した三十歳のときに、結婚式を挙げた。

王子さまのバラの花は、前述のルイーズや、祖国フランスの象徴《しようちよう》という見方もあるようだが、モデルの中心となったのは、やはりこのコンスエロだろう。喘息《ぜんそく》の持病があってしょっちゅう咳《せき》をし、すきま風が大きらい。故郷《こきよう》の中米とフランスを比べては「わたしが前にいたところは……」などと言う。気むずかしくて見栄《みえ》っぱりだが、おしゃれで芸術的な才能にも恵まれている——。

結婚生活は、三年目ぐらいから早くも不安定になり、別居したり、またよりを戻《もど》したりのくり返しとなったらしい。もっとも、コンスエロだけに非があったわけではないようだ。アントワーヌは彼女を束縛《そくばく》しようとする一方、飛行士という職業柄《しょくぎょうがら》、家をあけることも多く、またコンスエロが「ミニョンヌ（かわいい人）」と呼んだ親しい女性たちの存在もあったという。ふたりとも芸術家肌《はだ》だったために、気持ちがぴったり合っているときは熱く求めあわずにいられないが、なにかズレが生じると、たがいにその熱さのままに衝突《しょうとつ》してしまったのかもしれない。生涯《しょうがい》、離婚《りこん》に至らなかったところを見ると、やはり「あれこれ言うかげには愛情があった」にちがいなく、そんな関係は、つらくないわけがなかっただろう。そういうふたりを思いながら、バラの花と王子さまの別れの場面を読むと、思わず胸がしめつけられる。

結婚生活だけでなく、パイロットとしても、このころアントワーヌは不安定な状態に追いこまれていった。アエロポスタル社の財政危機と、内紛《ないふん》のためだ。結局会社を離れ、テストパイロットになったり、フリーの形で視察飛行をしたり、特派員として記事を書いたりするようになるが、三十五歳のときに、賞金のかかっていたパリ＝サイゴン間の飛行記録に挑戦《ちょうせん》し、リビア砂漠に不時着して、生死のあいだをさまよう。

一九三九年には、第二次世界大戦が勃発《ぼっぱつ》。アントワーヌは予備空軍大尉《たいい》として召集《しょうしゅう》を受け、偵察《ていさつ》飛行大隊に編入、その後アルジェで動員解除される。とはいえ戦況《せんきょう》は悪化、事態を打開するには、アメリカの援助《えんじょ》と参戦が必要だと考えていたところに、『人間の土地』のアメリカ版『風と砂と星と』がベストセラーになって、出版社からアメリカへ来るようにと誘われるのだ。そして一九四〇年の大みそかに、アメリカへ。折しも『風と砂と星と』が全米図書賞を受けて栄光につつまれるが、やがて米国内のフランス人のあいだに政治的な争いが起きて、孤立《こりつ》を深めていく。

「クリスマスのための子どもにむけた話」を書いてほしいと出版社に依頼《いらい》されたのは、四二年の夏のことだったそうだ。ここで、砂漠に不時着したときのことがよみがえる。結局クリスマスではなく、四三年の春に出版されるのだが、周囲の状況がなにもかも思うにまかせないなか、この仕事にはとても楽しんで取り組んだらしい。時には読みかえしながら、声をあげて笑っていたという。おとなを風刺《ふうし》しているあたりだろうか。こうして、“Le Petit Prince”、アメリカ版“The Little Prince”が、誕生したのである。

しかし、その同じ年に、彼は自ら強く望んで、連合軍の原隊に復帰した。パイロットの年齢《ねんれい》は三十二歳までと決められていたにもかかわらず、四十二歳の身で、苦しい訓練を重ねたそうだ。結局事故を起こして、一度任務をはずされてしまうのだが、友人たちの仲介《ちゅうかい》で、飛行は五回のみという制限のもと、ふたたび基地に戻る。とにかく、大空がどこより好きで、心の落ち着く場所だったようだ。だからなのか、その五回という条件を無視して、六回、七回と、彼は偵察飛行に飛び立った。八回目に飛び立ったのは、コルシカ島のボルゴ基地から。一九四四年七月三十一日、サン＝テグジュペリ四十四歳のときだった。そしてそのまま、二度ともどらなかったのだ——。

二〇〇〇年五月、彼の乗っていた機体の残骸《ざんがい》が、マルセイユ沖《おき》で発見された。だがその死の真相は、いまだ謎《なぞ》につつまれている。まるで王子さまと同じように、彼自身も、この世から、神秘的なほどふっと消えてしまった。残されたトランクからは、『城砦《じょうさい》』という未完の大作が見つかったが、完成された作品としては、『星の王子さま』が最後となったわけだ。そう思うと、この作品が、私たち読者への遺書のようにも思えてくる。

強く心にきざまれる、キツネのことば。男女の愛について考えさせられる、花とのせつない関係。思わず笑わされるところも、しんみりさせられるところもある、おとなや現代文明への風刺。だが、今回翻訳《ほんやく》していて最も胸を震《ふる》わせられたのは、パイロットと王子さまの絆だった。

前述したように、王子さまは作者の分身と考えることができるし、砂漠に不時着しているパイロットもまた、作者の分身であるはずだ。するとこれは、おとなであるパイロットが、〈小さな男の子だったころの〉自分自身と対話している話とも読むことができるのかもしれない。実際そのような読み方は、よく指摘《してき》されている。だがいずれにしても、王子さまはパイロットから去っていく。花のために。「夜になったら星を見てね」と言い残して。「そのどれかひとつにぼくが住んでるから」「きみはずっとぼくの友だちだもの」と約束して。

この別れの場面には、どうしても、かけがえのない人のこの世からの旅立ちが重なって、目がうるんできてしまう。そうして思う。二度ともう会うことができなくても、王子さまの「笑う星々」のように、空を見て、星を見て、その人の笑い声や笑顔《えがお》を思い出すことができるなら、そのとき人は、どれほど心をなぐさめられ、生きていく力を与《あた》えられることだろう、と。生者は死者によって生かされ、死者は生者によって生きつづける——ふと、そんなことばを思い出す。生は死と、死は生と、ひそやかにつながっている。

このように考えるとき、星の輝《かがや》きはなんと象徴的で、『星の王子さま』というタイトル（初出・岩波少年文庫、一九五三年）は、なんと深く、豊かに、やさしく響《ひび》くことだろうか。名づけ親である内藤濯《ないとうあろう》氏に、敬意と感謝をささげつつ、拙訳《せつやく》もこのタイトルでつつみこむことができるのを、うれしく思う。

ここでもうひとつ、〈小さな女の子だったころの〉私がとても知りたかったことを、つけ加えておきたい。この本で、ただひとり名前というものが出てくるのに、それは本編ではなく「献辞《けんじ》」のところで、しかも「この世でいちばんの僕《ぼく》の親友」であり「おとなだけれど、なんでもわかる」すごい人のレオン・ヴェルトとは、いったい誰《だれ》なのだろう？　どうして「おなかをすかせ、寒い思いをしている」のだろう？

レオン・ヴェルトは、サン＝テグジュペリより二十二歳も年上だったが、一九三一年ごろ知り合って、互《たが》いに無二《むに》の親友となったそうだ。ジャーナリスト、批評家、作家といった仕事をし、第一次大戦の経験から、熱烈《ねつれつ》な平和主義者だったという。だがユダヤ人であったため、ナチスによる当時の弾圧《だんあつ》を避《さ》けて、フランス東部のジュラ山脈にあった山荘《さんそう》に、かくれ住んでいたそうなのだ。

写真を見ると、丸いめがねをかけた、知的で繊細《せんさい》な雰囲気《ふんいき》の人だった。

最後になったが、本書の翻訳は、むずかしいながらも楽しい作業だった。「王子さまに『いちばんたいせつなこと』を教えるキツネは、どんな口調がいいだろう？　王子さまが地球に来てはじめて話す相手で、謎が『ぜんぶ解《と》ける』ヘビは、どんなことばづかいが合うだろう？　どんなトーンにすれば、このお話が、読む人の心の深いところまで届くだろう？　作者の心のうちまで反映させられるだろう？」などと、翻訳の基本のようなことを、あらためてあれこれ考えた。

その際、こまかな疑問点を解決してくださった、上智《じょうち》大学外国語学部のガブリエル・メランベルジェ教授に、お礼を申し上げたい。また、すでに星のひとつになってしまわれたが、大学一年だった私に、フランス語よりもっとわからない日本語のジョークとともに、“Le Petit Prince”の授業をしてくださった、ポール・リーチ名誉《めいよ》教授にも。同じ時期にフランス語の基礎《きそ》を身につけさせてくださった、クロード・ロベルジュ名誉教授はじめ、フランス語学科の諸先生方にも。

他にも、さまざまに力を貸して下さった方々、そして新潮文庫編集部のみなさまに、心から感謝申し上げたい。

二〇〇六年、フランスでの出版から六十年目の二月に

河野万里子

挿画　サン＝テグジュペリ

Title : Le Petit Prince
Author : Antoine de Saint-Exupéry

星《ほし》の王《おう》子《じ》さま

新潮文庫　サ－1－3

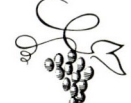

Published 2006 in Japan
by Shinchosha Company

平成十八年四月一日　発行
平成二十七年八月二十日　四十九刷

訳者　河《こう》野《の》万《ま》里《り》子《こ》

発行者　佐藤隆信

発行所　株式会社　新潮社
郵便番号　一六二―八七一一
東京都新宿区矢来町七一
電話　編集部（〇三）三二六六―五四四〇
　　　読者係（〇三）三二六六―五一一一
http://www.shinchosha.co.jp

価格はカバーに表示してあります。

乱丁・落丁本は、ご面倒ですが小社読者係宛ご送付ください。送料小社負担にてお取替えいたします。

印刷・凸版印刷株式会社　製本・株式会社大進堂

ISBN978-4-10-212204-4 C0197